PROMESAS
DE
DIOS

para cada una de
tus necesidades

Promesas de Dios

de

Dios

para cada una de
tus necesidades

Grupo Nelson
Una división de Thomas Nelson Publishers
Desde 1798

NASHVILLE DALLAS MÉXICO DF. RÍO DE JANEIRO BEIJING

CONTENIDO

CRISTO ES TU. . .

Cristo es tu
SALVADOR

Él nos salvó. Y lo hizo no porque fuéramos tan buenos que lo mereciéramos, sino porque en su misericordia Dios nos lavó los pecados. Y no sólo eso, sino que, además, nos dio una nueva vida por medio del Espíritu Santo que vertió abundantemente en nosotros, gracias a la obra de Jesucristo, nuestro Salvador.

—TITO 3.5, 6

Además, con nuestros propios ojos vimos, y ahora lo proclamamos a los cuatro vientos, que Dios envió a su Hijo para ser el Salvador del mundo.

—1 JUAN 4.14

Mi espíritu se llena de alegría porque Dios es mi Salvador.

—LUCAS 1.47

Ahora creemos porque nosotros mismos lo hemos oído, y sabemos en verdad que él es el Salvador del mundo.

—JUAN 4.42B

En efecto, el Hijo del hombre vino a buscar y a salvar a los que se habían perdido.

—LUCAS 19.10

Dios amó tanto al mundo, que dio a su único Hijo, para que todo el que cree en él no se pierda, sino tenga vida eterna.

—JUAN 3.16

Pero Dios es tan rico en misericordia y nos amó tanto que, aunque estábamos muertos a causa de nuestros pecados, nos dio vida con Cristo, pues solo por su gracia somos salvos.

—EFESIOS 2.4, 5

Les aseguro que el que cree tiene vida eterna.

—JUAN 6.47

Por su misericordia y por medio de la fe, ustedes son salvos. No es por nada que ustedes hayan hecho. La salvación es un regalo de Dios y no se obtiene haciendo el bien. Esto es así para que nadie se sienta orgulloso.

—EFESIOS 2.8, 9

Si declaras con tu boca que Jesús es el Señor y crees de corazón que Dios lo levantó de entre los muertos, Dios te salvará.

—ROMANOS 10.9

Pero Dios, por su gran amor, gratuitamente nos declara inocentes, porque Jesucristo pagó todas nuestras deudas.

Dios ofreció a Jesucristo como sacrificio por nuestros pecados. Cuando creemos esto, Dios nos perdona todos nuestros pecados pasados, pues nos tiene paciencia. De esa manera da a conocer su justicia y muestra que él es justo y que nos hace justos por tener fe en Cristo Jesús.

—ROMANOS 3.24-26

Por lo tanto, si alguien está unido a Cristo, es una nueva creación. ¡Lo viejo ha quedado atrás y lo nuevo ha llegado!

—2 CORINTIOS 5.17

Dios nos salvó y nos llamó a una vida santa, no porque lo mereciéramos sino por su amor y porque así lo planeó. Antes que el mundo comenzara, su plan era mostrarnos su bondad a través de Cristo Jesús.

—2 TIMOTEO 1.9

Pero aun así Dios los salvó para honrar su nombre y mostrar su gran poder.

—SALMO 106.8

Cristo es tu
SEÑOR

Por eso, Dios lo engrandeció al máximo y le dio un nombre que está por encima de todos los nombres, para que ante el nombre de Jesús todos se arrodillen, tanto en el cielo como en la tierra y debajo de la tierra, y para que toda lengua confiese que Jesucristo es Señor, para que le den la gloria a Dios Padre.

—FILIPENSES 2.9–11

Si declaras con tu boca que Jesús es el Señor y crees de corazón que Dios lo levantó de entre los muertos, Dios te salvará. Porque a quien cree de corazón, Dios lo da por justo; y a quien reconoce a Jesús, Dios lo salva.

—ROMANOS 10.9, 10

¿Por qué me llaman «Señor, Señor», si no me obedecen?

—LUCAS 6.46

No entreguen ninguna parte de su cuerpo al pecado para que se convierta en instrumento del mal. Más bien, entréguense por completo a Dios, como quienes ya han muerto y han vuelto a vivir. Y preséntenle sus miembros como instrumentos para la justicia.

¡Que el pecado no vuelva a dominarlos! Ya no estamos atados a la ley; ahora vivimos bajo la gracia de Dios.

Entonces, como ya no vivimos bajo la ley sino bajo la gracia de Dios, ¿podemos pecar?

¡Claro que no!

¿No comprenden que si ustedes se entregan a alguien como esclavos, los esclavizará para que le sirvan? Pueden escoger hacer: el pecado y morir, u obedecer y ser justos.

—ROMANOS 6.13–16

Por esto, hermanos, tomando en cuenta el amor que Dios nos tiene, les ruego que cada uno de ustedes se entregue como sacrificio vivo y santo; éste es el único sacrificio que a él le agrada.

No se amolden a la conducta de este mundo; al contrario, sean personas diferentes en cuanto a su conducta y forma de pensar. Así aprenderán lo que Dios quiere, lo que es bueno, agradable y perfecto.

—ROMANOS 12.1, 2

¿No saben que el cuerpo es templo del Espíritu Santo, que Dios les dio, y que el Espíritu habita en ustedes? Ustedes no son sus propios dueños, porque Dios nos compró a gran precio. Por tanto, honren con su cuerpo a Dios.

—1 CORINTIOS 6.19, 20

Por lo tanto, pueblo de Israel, sepan bien que Dios ha hecho Señor y Mesías a Jesús, el que ustedes crucificaron.

—HECHOS 2.36

Al vivir o morir lo hacemos para el Señor. Sea que estemos vivos o que estemos muertos, somos del Señor.

—ROMANOS 14.8

¡Alabado sea el SEÑOR, alabado sea nuestro Dios y Salvador! Porque día tras día nos lleva cargados en sus brazos.

—SALMO 68.19

En cuanto a mí, me acerco a él lo más que puedo. He elegido al Dios soberano como mi refugio, y a todos contaré las maravillas que él hace. ,

—SALMO 73.28

¡Oh SEÑOR, qué bueno y perdonador eres; qué gran amor tienes por todos los que te piden ayuda!

—SALMO 86.5

Ya que el SEÑOR Dios me ayuda, no me desanimaré. Esa es la razón por la que me mantengo firme como roca, y sé que venceré.

—ISAÍAS 50.7

Ama al Señor tu Dios con todo tu corazón, con toda tu alma, con toda tu mente y con todas tus fuerzas.

—MARCOS 12.30

David dijo esto acerca de Jesús: «Sé que el Señor está siempre conmigo y nada me hará caer».

—HECHOS 2.25

Cristo es tu
AMOR

Dios, no obstante, nos demostró su amor al enviar a Cristo a morir por nosotros, aun cuando éramos pecadores.

—ROMANOS 5.8

Dios amó tanto al mundo, que dio a su único Hijo, para que todo el que cree en él no se pierda, sino tenga vida eterna.

—JUAN 3.16

Amados, pongamos en práctica el amor mutuo, porque el amor es de Dios. Todo el que ama y es bondadoso da prueba de ser hijo de Dios y de conocerlo bien. El que no ama no conoce a Dios, porque Dios es amor. Dios nos demostró su amor enviando a su único Hijo a este perverso mundo para darnos vida eterna por medio de su muerte. Eso sí es amor verdadero. No se trata de que nosotros hayamos amado a Dios, sino de que él nos amó tanto que estuvo dispuesto a enviar a su único Hijo como sacrificio expiatorio por nuestros pecados.

Amados, ya que Dios nos ha amado tanto, debemos amarnos unos a otros. Porque aunque nunca hemos visto a Dios, si nos amamos unos a otros Dios habita en nosotros, y su amor en nosotros crece cada día más.

—1 JUAN 4.7–12

Sabemos cuánto nos ama Dios porque hemos sentido ese amor y porque le creemos cuando nos dice que nos ama profundamente. Dios es amor, y el que vive en amor vive en Dios y Dios en él.

Como ven ustedes, si amamos a Dios es porque él nos amó primero.

—1 JUAN 4.16, 19

Así como el Padre me ama a mí, así también yo los amo a ustedes. No se aparten de mi amor. Si obedecen mis mandamientos, no se apartarán de mi amor, así como yo obedezco los mandamientos de mi Padre y su amor no se aparta de mí. Les digo esto para que también tengan mi alegría y así su alegría sea completa. Y mi mandamiento es este: que se amen unos a otros como yo los amo. Nadie tiene más amor que el que da la vida por sus amigos.

Esto es lo que les mando: que se amen unos a otros.

—JUAN 15.9—13, 17

Pido también que, por medio de la fe, Cristo habite en sus corazones, y que ustedes echen raíces y se cimienten en el amor, para que puedan entender, en compañía de todo el pueblo santo, lo ancho, largo, alto y profundo que es el amor de Cristo. Pido que ustedes experimenten ese amor, que nunca podremos entender del todo. Así estarán completamente llenos de Dios.

—EFESIOS 3.17—19

Amo al que me ama, y los que me buscan, sin duda me hallarán.

—PROVERBIOS 8.17

Porque hace mucho tiempo dije a Israel: ¡Yo te he amado, oh pueblo mío, con amor sin fin, con amorosa bondad te he atraído a mí!

—JEREMÍAS 31.3

Te convertiré en mi esposa para siempre y te daré como regalos la rectitud, la justicia, el amor y la misericordia.

—OSEAS 2.19

El que hace suyos mis mandamientos y los obedece, ese es el que me ama. Y al que me ama, mi Padre lo amará, y yo también lo amaré y me mostraré a él.

—JUAN 14.21

Sin embargo, día tras día derrama el SEÑOR sobre mí su constante amor; y por la noche entono sus cánticos y elevo oración al Dios que me da vida.

—SALMO 42.8

Tres virtudes hay que ahora permanecen: la fe, la esperanza y el amor. Pero la más excelente de ellas es el amor.

—1 CORINTIOS 13.13

Estoy convencido de que nada podrá apartarnos de su amor; ni la muerte, ni la vida, ni los ángeles, ni los demonios, ni lo presente, ni lo que está por venir, ni los poderes, ni lo alto, ni lo profundo, ni cosa alguna de toda la creación. ¡Nada podrá separarnos del amor que Dios nos ha demostrado en Cristo Jesús, nuestro Señor!

—ROMANOS 8.38, 39

Cristo es tu
Paz

Él cuidará en perfecta paz a todos los que confían en él y cuyos pensamientos buscan a menudo al Señor.

—Isaías 26.3

Pero ahora, por estar unidos a Cristo Jesús, a ustedes, que antes andaban lejos, Dios los ha acercado gracias a la muerte de Cristo.

Porque Cristo es nuestra paz; él logró hacer de nosotros los judíos y de ustedes los que no son judíos un solo pueblo, derribando la pared de enemistad que nos separaba.

—Efesios 2.13, 14

No se angustien por nada; más bien, oren; pídanle a Dios en toda ocasión y denle gracias. Y la paz de Dios, esa paz que nadie puede comprender, cuidará sus corazones y pensamientos en Cristo.

—Filipenses 4.6, 7

Señor, concédenos paz, pues todo lo que tenemos y somos de ti procede.

—Isaías 26.12

Porque nos ha nacido un niño, se nos ha dado un hijo y él tendrá el gobierno sobre su hombro. Estos serán sus títulos de realeza: «Admirable», «Consejero», «Dios poderoso», «Padre eterno», «Príncipe de paz». Su siempre creciente y pacífico reinado no acabará jamás. Gobernará con perfecta equidad y justicia desde el trono de David su padre. Traerá verdadera justicia y paz a todas las naciones del mundo. Esto ocurrirá porque el Dios Todopoderoso se ha empeñado en realizarlo.

—Isaías 9.6, 7

Pronto el Dios de paz aplastará a Satanás bajo sus pies. Que la gracia de nuestro Señor Jesús esté con ustedes.

—Romanos 16.20

Practiquen lo que han aprendido, recibido y oído de mí, y lo que han visto en mí. Y obrando así, el Dios de paz estará con ustedes.

—Filipenses 4.9

Así que, ahora que Dios nos ha declarado justos por haber creído, disfrutamos de la paz con Dios gracias a lo que Jesucristo nuestro Señor hizo por nosotros.

—Romanos 5.1

Que la paz de Dios reine en sus corazones, porque ese es su deber como miembros del cuerpo de Cristo. Y sean agradecidos.

—Colosenses 3.15

En paz me acostaré y dormiré porque sólo tú, Señor, me haces vivir seguro.

—Salmo 4.8

Él dará fuerza a su pueblo. Derramará paz como bendición sobre ellos.

—Salmo 29.11

Les dejo la paz, les doy mi paz; pero no se la doy a ustedes como la da el mundo. No se angustien ni tengan miedo.

—Juan 14.27

Cristo es tu
PERDÓN

Esto fue para que le demos la gloria a Dios por la extraordinaria gracia que nos mostró por medio de su amado Hijo. Gracias a que él derramó su sangre, tenemos el perdón de nuestros pecados. Así de abundante es su gracia.

—EFESIOS 1.6, 7

Y has perdonado los pecados de tu pueblo; has sepultado sus culpas.

—SALMO 85.2

Por lo tanto, si alguien está unido a Cristo, es una nueva creación. ¡Lo viejo ha quedado atrás y lo nuevo ha llegado!

—2 CORINTIOS 5.17

Ha arrojado nuestros pecados tan lejos de nosotros como está el oriente del occidente.

—SALMO 103.12

Hijitos míos, les digo esto para que no pequen; pero si alguno peca, tenemos un abogado ante el Padre: a Jesucristo el justo.

—1 JUAN 2.1

Pero si confesamos a Dios nuestros pecados, él, que es fiel y justo, nos perdonará y nos limpiará de toda maldad.

—1 Juan 1.9

Yo les perdonaré sus maldades y nunca más me acordaré de sus pecados.

—Hebreos 8.12

Los que siempre buscan hacer el mal, que abandonen sus malos pensamientos y ese estilo de vida, y vuélvanse al Señor, pues él siempre está dispuesto a perdonarlos; el Señor es un Dios compasivo.

—Isaías 55.7

Sopórtense unos a otros y perdonen a quienes se quejen de ustedes. Si el Señor los perdonó, ustedes están obligados a perdonar.

—Colosenses 3.13

Pero cuando oren, perdonen a los que les hayan hecho algo, para que el Padre que está en el cielo les perdone a ustedes sus pecados.

—Marcos 11.25

De hecho, ustedes estaban muertos a causa de sus pecados y no se habían despojado de su naturaleza pecaminosa; pero Dios nos vivificó con Cristo y nos perdonó los pecados.

—Colosenses 2.13

Y los limpiaré de todas sus acciones perversas contra mí y los perdonaré.

—JEREMÍAS 33.8

¡Vengan y aclaremos las cuentas! —dice el SEÑOR—, por profunda que sea la mancha de sus pecados, yo puedo quitarla y dejarlos tan limpios como la nieve recién caída. ¡Aunque sus manchas sean rojas como el carmesí, yo puedo volverlas blancas como la lana!

—ISAÍAS 1.18

Yo, sí, sólo yo soy quien borra sus pecados por amor a mí mismo y nunca más los recordaré.

—ISAÍAS 43.25

¡Qué felicidad la de aquellos cuya culpa ha sido perdonada! ¡Qué gozo hay cuando los pecados son borrados! ¡Qué alivio tienen los que han confesado sus pecados y a quienes el SEÑOR ha borrado su registro de delincuencia y que viven en completa honestidad!

—SALMO 32.1, 2

Cristo es tu
JUSTICIA

Dios tomó a Cristo, que no tenía pecado, y puso sobre él nuestros pecados, para declararnos justos por medio de Cristo.

—2 CORINTIOS 5.21

Por Dios es por quien ustedes están unidos a Cristo Jesús, a quien Dios ha hecho nuestra sabiduría, nuestra justificación, nuestra santificación y nuestra redención.

—1 CORINTIOS 1.30

Y encontrarme unido a él. No quiero la justicia propia que viene de obedecer la ley, sino la que se obtiene por la fe en Cristo. Esa es la justicia que viene de Dios y está basada en la fe.

—FILIPENSES 3.9

Dios aceptó a Abraham porque éste creyó en Dios. Esto significa que los verdaderos hijos de Abraham son los que tienen plena fe en Dios.

—GÁLATAS 3.6, 7

Dios hace justos a quienes creen en Jesucristo, sin favoritismo alguno.

—ROMANOS 3.22

Pero Dios, por su gran amor, gratuitamente nos declara inocentes, porque Jesucristo pagó todas nuestras deudas.

Dios ofreció a Jesucristo como sacrificio por nuestros pecados. Cuando creemos esto, Dios nos perdona todos nuestros pecados pasados, pues nos tiene paciencia. De esa manera da a conocer su justicia y muestra que él es justo y que nos hace justos por tener fe en Cristo Jesús.

—ROMANOS 3.24-26

En cambio, quien no hace obras para que Dios lo considere bueno, pero cree que Dios lo hace justo por creer, esa fe se le cuenta para declararlo justo.

—ROMANOS 4.5

Serás regida por un gobierno justo y honrado. Tus enemigos se mantendrán a distancia, vivirás en paz, el terror no se acercará. Si alguna nación acude a combatirte, no será enviada por mí como castigo; por lo tanto será derrotada, porque yo estoy de tu parte. Yo he creado al herrero que desde abajo de la fragua da viento a los carbones y fabrica las armas destructivas. Yo he creado los ejércitos que destruyen. Pero aquel día ninguna arma que se vuelva contra ti triunfará, y se te hará justicia contra toda calumnia que se esgrima en los tribunales. Ésta es la herencia de los siervos del SEÑOR, ésta es la bendición que te he dado, dice el SEÑOR.

—ISAÍAS 54.14-17

La ley no pudo liberarnos porque nuestra naturaleza pecaminosa anuló su poder. Pero Dios envió a su propio Hijo con un cuerpo humano igual en todo al nuestro para entregarlo en sacrificio por nuestros pecados, y así destruyó el dominio del pecado sobre nosotros.

Por eso, si vivimos según el Espíritu Santo y negamos obediencia a nuestra vieja naturaleza pecaminosa, podemos obedecer las justas demandas de la ley de Dios.

—ROMANOS 8.3, 4

El pecado de aquel solo hombre trajo por consecuencia el imperio de la muerte; pero por causa de otro hombre, Jesucristo, reinarán en vida los que reciben la abundancia del amor y del don gratuito de Dios por el cual nos hace justos.

—ROMANOS 5.17

En conclusión, ¿qué más podemos decir? Pues que a los gentiles que no buscaban que Dios los aceptara, Dios los hizo justos porque creyeron en él.

—ROMANOS 9.30

A quienes Dios conoció de antemano, los destinó desde un principio para que sean como su Hijo, para que él sea el mayor entre muchos hermanos. Y a los que predestinó, también los llamó; y a los que llamó, también los hizo justos; y a los que hizo justos, los glorificó.

—ROMANOS 8.29, 30

Y como Cristo vive en ustedes, sus cuerpos están muertos a consecuencia del pecado, pero sus espíritus viven porque Cristo los ha hecho justos.

—ROMANOS 8.10

Y, fruto de la justicia, la paz. La quietud y la confianza reinarán para siempre.

—ISAÍAS 32.17

Porque a quien cree de corazón, Dios lo da por justo; y a quien reconoce a Jesús, Dios lo salva.

—ROMANOS 10.10

Él nos salvó. Y lo hizo no porque fuéramos tan buenos que lo mereciéramos, sino porque en su misericordia Dios nos lavó los pecados. Y no sólo eso, sino que, además, nos dio una nueva vida por medio del Espíritu Santo.

—TITO 3.5

Cristo es tu
LIBERTADOR

El Espíritu del SEÑOR Todopoderoso está sobre mí, porque me eligió para traer buenas noticias a los pobres, para consolar a los afligidos y para anunciarles a los prisioneros que pronto van a quedar en libertad.

—ISAÍAS 61.1

Entonces conocerán la verdad, y la verdad los hará libres.

Así que si el Hijo los libera, serán libres de verdad.

—JUAN 8.32, 36

Porque el poder vivificador del Espíritu, poder que reciben a través de Jesucristo, los libera del poder del pecado y de la muerte.

—ROMANOS 8.2

Sí, yo les he dado a ustedes poder para pisotear serpientes y escorpiones, para vencer todo el poder del enemigo, y nada les hará daño.

—LUCAS 10.19

Porque el Señor es el Espíritu, y donde está el Espíritu del Señor allí hay libertad.

—2 CORINTIOS 3.17

Amados míos, no crean nada por el simple hecho de que les digan que es mensaje de Dios. Pónganlo a prueba primero, porque en este mundo hay muchos falsos maestros. Para saber si el mensaje que se nos comunica procede del Espíritu Santo, debemos preguntarnos: ¿Reconoce el hecho de que Jesucristo, el Hijo de Dios, se hizo hombre de verdad? Si no lo reconoce, el mensaje no es de Dios sino de alguien que se opone a Cristo, como el anticristo del que oyeron ustedes que vendría, cuyas actitudes hostiles contra Cristo ya se manifiestan en el mundo.

Hijitos, ustedes son de Dios y han ganado ya la primera batalla contra los enemigos de Cristo, porque hay alguien en el corazón de ustedes que es más fuerte que cualquier falso maestro de este perverso mundo.

—1 JUAN 4.1-4

Mas ahora están libres del pecado y son esclavos de Dios. Esto les trae como beneficio la santidad y como fin la vida eterna.

—ROMANOS 6.22

Porque Dios quebrantará las cadenas que oprimen a su pueblo y el látigo que los azota, tal como destruyó la gran hueste de los madianitas valiéndose del pequeño grupo de Gedeón.

—ISAÍAS 9.4

El Espíritu del Señor está sobre mí, porque me ha ungido para dar buenas noticias a los pobres. Me ha enviado para anunciar libertad a los presos y dar vista a los ciegos, para poner en libertad a los oprimidos.

—LUCAS 4.18

Y estas señales acompañarán a los que crean: en mi nombre expulsarán demonios, hablarán nuevas lenguas.

—MARCOS 16.17

Ellos lo vencieron con la sangre del Cordero y por el mensaje del que dieron testimonio, pues teniendo en poco sus vidas, no evitaron la muerte.

—APOCALIPSIS 12.11

Cristo es tu
AMIGO

La predicamos a ustedes para que junto con nosotros participen también de la comunión que disfrutamos con el Padre y con Jesucristo, su Hijo.

—1 JUAN 1.3

Dios siempre cumple su palabra, y él los llamó a vivir unidos a su Hijo, Jesucristo, nuestro Señor.

—1 CORINTIOS 1.9

Yo estoy siempre a la puerta y llamo; si alguno escucha mi voz y abre la puerta, entraré y cenaré con él y él conmigo.

—APOCALIPSIS 3.20

Jesús le contestó:
—El que me ama, obedece mi palabra. Por eso, Dios lo amará y vendremos a vivir con él.

—JUAN 14.23

¡Canta y regocíjate, Jerusalén, porque yo he venido para vivir contigo! Lo afirmo yo, el SEÑOR.

—ZACARÍAS 2.10

Porque dondequiera que estén dos o tres reunidos en mi nombre, allí estaré yo.

—MATEO 18.20

El que hace suyos mis mandamientos y los obedece, ese es el que me ama. Y al que me ama, mi Padre lo amará, y yo también lo amaré y me mostraré a él.

—JUAN 14.21

Sigan unidos a mí, y yo seguiré unido a ustedes. Así como una rama no puede dar fruto por sí misma, separada de la vid, así tampoco ustedes pueden dar fruto si están separados de mí.

Yo soy la vid y ustedes son las ramas. El que está unido a mí, como yo estoy unido a él, dará mucho fruto. Si están separados de mí no pueden hacer nada.

Si ustedes siguen unidos a mí y mis palabras permanecen en ustedes, pueden pedir lo que quieran y se les dará.

—JUAN 15.4, 5, 7

Así que, si se sienten animados al estar unidos a Cristo, si sienten algún consuelo en su amor, si todos tienen el mismo Espíritu, si tienen algún afecto verdadero, llénenme de alegría poniéndose de acuerdo unos con otros, amándose entre ustedes y estando unidos en alma y pensamiento.

—FILIPENSES 2.1, 2

Soy amigo de todos los que te honran, de todos los que observan tus preceptos.

—SALMO 119.63

Y vivan amando a los demás, siguiendo el ejemplo de Cristo, que nos amó y se entregó por nosotros en sacrificio, como ofrenda de perfume agradable a Dios.

Así hablarán entre ustedes con salmos e himnos y cantos espirituales, y elevarán al Señor alabanzas y cantos de todo corazón.

Nadie aborrece su propio cuerpo; antes bien, lo alimenta y lo cuida con esmero. Cristo hace lo mismo con ese cuerpo suyo del que formamos parte: la iglesia.

—EFESIOS 5.2, 19, 29-30

Este es el mensaje que Dios nos ha dado para ustedes: Dios es luz y en él no hay tinieblas. Por lo tanto, si afirmamos que somos amigos suyos y seguimos viviendo en las tinieblas, mentimos y no estamos poniendo en práctica la verdad. Pero si, al igual que Cristo, vivimos en la luz, entre nosotros habrá compañerismo, y la sangre de Jesucristo el Hijo de Dios nos limpiará de todo pecado.

—1 JUAN 1.5-7

Cristo es tu
EJEMPLO

Para esto los llamó, para que así como Cristo sufrió por ustedes y les dio el ejemplo, ustedes sigan sus pasos.

—1 PEDRO 2.21

El que afirma que está unido a Dios, debe vivir como Jesucristo vivió.

—1 JUAN 2.6

Por tanto, imiten a Dios como hijos amados. Y vivan amando a los demás, siguiendo el ejemplo de Cristo, que nos amó y se entregó por nosotros en sacrificio, como ofrenda de perfume agradable a Dios.

—EFESIOS 5.1, 2

La actitud de ustedes debe ser como la de Cristo Jesús: aunque él era igual a Dios, no consideró esa igualdad como algo a qué aferrarse. Al contrario, por su propia voluntad se rebajó, tomó la naturaleza de esclavo y de esa manera se hizo semejante a los seres humanos. Al hacerse hombre, se humilló a sí mismo y se hizo obediente hasta la muerte, ¡y muerte en la cruz!

—FILIPENSES 2.5-8

Pero entre ustedes debe ser diferente. El que quiera ser superior debe servir a los demás. Y el que quiera estar por encima de los otros debe ser esclavo de los demás. Así debe ser, porque el Hijo del hombre no vino para que le sirvan, sino para servir a los demás y entregar su vida en rescate por muchos.

—MARCOS 10.43-45

Pues si yo, el Señor y el Maestro, les he lavado los pies, también ustedes deben lavarse los pies unos a otros. Yo les he dado el ejemplo, para que hagan lo mismo que yo he hecho con ustedes.

—JUAN 13.14, 15

Les doy este mandamiento nuevo: que se amen unos a otros. Así como yo los amo, ustedes deben amarse unos a otros.

—JUAN 13.34

Al morir por nosotros, Cristo nos demostró lo que es el amor. Nosotros también debemos dar la vida por nuestros hermanos.

—1 JUAN 3.16

¡Que Dios, que da aliento y perseverancia, les ayude a vivir juntos en armonía, tal como Cristo nos dio el ejemplo! ¡Y que podamos así, juntos y a una voz, glorificar a Dios, el Padre de nuestro Señor Jesucristo!

Así que, para gloria de Dios, trátense en la iglesia con el mismo afecto con que Cristo los ha recibido.

—ROMANOS 15.5-7

Sopórtense unos a otros y perdonen a quienes se quejen de ustedes. Si el Señor los perdonó, ustedes están obligados a perdonar.

—COLOSENSES 3.13

Mantengamos fija la mirada en Jesús, pues de él viene nuestra fe y él es quien la perfecciona. Él, por el gozo que le esperaba, soportó la cruz y no le dio importancia a la vergüenza que eso significaba, y ahora está sentado a la derecha del trono de Dios. Por eso, piensen en el ejemplo que él nos dejó, pues siguió adelante a pesar de tanta oposición por parte de los pecadores. Por tanto, no se cansen ni pierdan el ánimo.

—HEBREOS 12.2, 3

Cristo es tu
COMPAÑERO

Soy amigo de todos los que te honran, de todos los que observan tus preceptos.

—SALMO 119.63

Hay amigos que nos llevan a la ruina, pero hay amigos más fieles que un hermano.

—PROVERBIOS 18.24

No amen el dinero. Estén contentos con lo que tienen, porque Dios ha dicho:
«Nunca te dejaré; jamás te abandonaré».

—HEBREOS 13.5

Ya no les llamo sirvientes, porque el sirviente no sabe lo que hace su amo. Ahora los llamo amigos, porque les he enseñado todo lo que he oído decir a mi Padre. Ustedes no me escogieron a mí, sino que yo los escogí a ustedes, y los he mandado para que vayan y den fruto, un fruto que dure para siempre. Así el Padre les dará todo lo que le pidan en mi nombre.

—JUAN 15.15, 16

Pero si, al igual que Cristo, vivimos en la luz, entre nosotros habrá compañerismo, y la sangre de Jesucristo el Hijo de Dios nos limpiará de todo pecado.

—1 JUAN 1.7

Si mi padre y mi madre me abandonaran, tú me recibirías y me consolarías.

—SALMO 27.10

Podrán los montes marcharse y desaparecer las colinas, pero la misericordia mía no te dejará. Jamás será quebrantada mi promesa de paz para ti, dice el Señor, quien tiene misericordia de ti.

—Isaías 54.10

Yo estoy siempre a la puerta y llamo; si alguno escucha mi voz y abre la puerta, entraré y cenaré con él y él conmigo.

—Apocalipsis 3.20

Acérquense a Dios y él se acercará a ustedes. ¡Pecadores, límpiense las manos! ¡Ustedes, inconstantes, purifiquen su corazón!

—Santiago 4.8

Y mi mandamiento es este: que se amen unos a otros como yo los amo. Nadie tiene más amor que el que da la vida por sus amigos. Ustedes son mis amigos si hacen lo que yo les mando.

—Juan 15.12-14

Dios siempre cumple su palabra, y él los llamó a vivir unidos a su Hijo, Jesucristo, nuestro Señor.

—1 Corintios 1.9

La predicamos a ustedes para que junto con nosotros participen también de la comunión que disfrutamos con el Padre y con Jesucristo, su Hijo.

—1 Juan 1.3

No los voy a dejar huérfanos; volveré a estar con ustedes.

—Juan 14.18

Cristo es tu
HERMANO

⸻⸺⸻⸺⸻⸺⸻⸺⸻

¡El que obedece a mi Padre que está en los cielos, ése es mi hermano, mi hermana y mi madre!

—MATEO 12.50

Tanto Jesús, que nos santifica, como nosotros, que somos los santificados, tenemos un mismo origen. Por ello, Jesús no se avergüenza de llamarnos hermanos.

—HEBREOS 2.11

A quienes Dios conoció de antemano, los destinó desde un principio para que sean como su Hijo, para que él sea el mayor entre muchos hermanos.

—ROMANOS 8.29

Ahora todos ustedes son hijos de Dios por medio de la fe en Cristo Jesús.

—GÁLATAS 3.26

Pero a todos los que lo recibieron, a los que creen en él, les dio el derecho de ser hijos de Dios.

—JUAN 1.12

Por eso, ustedes ya no son extraños ni extranjeros, sino ciudadanos junto con los santos y miembros de la familia de Dios.

—EFESIOS 2.19

Miren cuánto nos ama el Padre que somos llamados hijos de Dios. ¡Y de veras lo somos! Como la mayoría de la gente no conoce a Dios, tampoco reconoce lo que somos.

—1 Juan 3.1

Y como ustedes son sus hijos, Dios envió al Espíritu de su Hijo a nuestros corazones, y por eso lo llamamos «Papá, papá».

Así que ya no eres esclavo, sino hijo de Dios. Y como eres su hijo, Dios te ha hecho su heredero.

—Gálatas 4.6, 7

Los hijos de Dios son los que se dejan conducir por el Espíritu de Dios.

—Romanos 8.14

Sí, amados míos, ahora somos hijos de Dios, y no podemos ni siquiera imaginarnos lo que vamos a ser después. Pero de algo estamos ciertos: que cuando él venga seremos semejantes a él, porque lo veremos tal como es.

—1 Juan 3.2

Cristo es tu
GUARDIÁN

Cuando pases por aguas profundas de gran tribulación, yo estaré contigo. Cuando pases por ríos no te ahogarás. Cuando pases por fuego no te quemarás, las llamas no te consumirán.

—ISAÍAS 43.2

Pero, SEÑOR, tú eres mi escudo, mi gloria, tú mantienes en alto mi cabeza.

—SALMO 3.3

Porque los ojos del SEÑOR recorren el mundo para poner su poder en favor de quienes le son fieles.

—2 CRÓNICAS 16.9A

El SEÑOR nuestro Dios irá delante, y peleará por ustedes como lo hizo en Egipto.

—DEUTERONOMIO 1.30

El Señor, que es fiel, les dará fortaleza y los guardará del maligno.

—2 TESALONICENSES 3.3

¡El Señor tu Dios ha llegado para vivir en medio de ti! Él es tu Salvador poderoso, que siempre cuidará de ti. Él se regocijará en ti con gran alegría; te amará y no te acusará.

—SOFONÍAS 3.17

Si le obedecen cuidadosamente y siguen todas sus instrucciones, yo seré enemigo de sus enemigos.

—ÉXODO 23.22

Él protegerá a los piadosos, pero los impíos serán silenciados en las tinieblas.

Ninguno podrá triunfar por su propia fortaleza.

—1 SAMUEL 2.9

Porque tú eres mi refugio, alta torre en donde mis enemigos jamás podrán tocarme.

—SALMO 61.3

Porque el Señor cuida a los justos y sus oídos están atentos a sus oraciones, pero está en contra de los que hacen el mal.

¿Quién les va a hacer mal si ustedes se esfuerzan siempre en hacer el bien?

—1 PEDRO 3.12, 13

El Dios eterno es tu refugio, y abajo están los brazos eternos.

Arroja a tus enemigos delante de ti y grita: «¡Destrúyelos!»

—DEUTERONOMIO 33.27

Podrán caer mil al lado tuyo, y al otro lado diez mil casi muertos, pero el mal a ti no te tocará.

—SALMO 91.7

Entonces, las naciones temblarán de miedo ante el SEÑOR, y le rendirán homenaje, porque vendrá como río caudaloso impulsado por un viento muy fuerte.

—ISAÍAS 59.19

Cristo es tu
SEGURIDAD

⋘∘———————————∘⋙

¡Alabemos a Dios, Padre de nuestro Señor Jesucristo!, porque su misericordia es grande y nos ha hecho nacer de nuevo por medio de la resurrección de Jesucristo. Esto fue así para que tengamos una esperanza viva y recibamos una herencia que no se puede destruir ni marchitar ni manchar. Esa es la herencia que está reservada en el cielo para ustedes, a quienes Dios protege con su poder por la fe, hasta que llegue la salvación que se dará a conocer en lo últimos tiempos.

—1 PEDRO 1.3-5

Mis ovejas oyen mi voz; yo las conozco y ellas me siguen. Yo les doy vida eterna y jamás perecerán ni nadie podrá arrebatármelas de la mano. Mi Padre me las dio, y él es más grande que todos; por eso, nadie se las puede arrebatar de la mano.

—JUAN 10.27-29

Estoy convencido de que nada podrá apartarnos de su amor; ni la muerte, ni la vida, ni los ángeles, ni los demonios, ni lo presente, ni lo que está por venir, ni los poderes, ni lo alto, ni lo profundo, ni cosa alguna de toda la creación. ¡Nada podrá separarnos del amor que Dios nos ha demostrado en Cristo Jesús, nuestro Señor!

—ROMANOS 8.38, 39

El que comenzó tan buena obra en ustedes la irá perfeccionando hasta el día en que Jesucristo regrese. De esto estoy seguro.

—FILIPENSES 1.6

El Señor, que es fiel, les dará fortaleza y los guardará del maligno.

—2 TESALONICENSES 3.3

Y ha puesto su marca en nosotros —marca que declara que le pertenecemos— y también ha puesto su Santo Espíritu en nuestros corazones como garantía de sus promesas.

—2 CORINTIOS 1.22

Y ahora, que la gloria, la majestad, el imperio y la potencia sean eternamente del único Dios, Salvador nuestro por medio de Jesucristo, quien tiene poder para conservarlos sin caída y, con gran alegría, presentarlos sin tacha ante su gloriosa presencia. Amén.

—JUDAS 24, 25

¡Alcen los ojos a los cielos! Quien creó los planetas y las estrellas, las llama a cada una con nombre cariñoso y las cuenta para cerciorarse de que ninguna se ha perdido o extraviado.

—ISAÍAS 40.26

Tu bondad e inagotable generosidad me acompañarán toda la vida, y después viviré en tu casa para siempre.

—SALMO 23.6

No trabajen por la comida que se acaba. Trabajen más bien por la comida que permanece y da vida eterna, que es la comida que el Hijo del hombre les dará. Sobre él ha puesto Dios el Padre su sello de aprobación.

—Juan 6.27

Gracias también a lo que Cristo hizo, cuando ustedes escucharon el mensaje verdadero de las buenas noticias de salvación y creyeron en él, fueron marcados con el sello que es el Espíritu Santo que él había prometido.

—Efesios 1.13

No entristezcan al Espíritu Santo de Dios, con el cual Dios los selló para el día de la salvación.

—Efesios 4.30

Pero anhelamos que cada uno siga con el mismo entusiasmo hasta el fin, para que puedan obtener lo que esperan. No se vuelvan perezosos, sino sigan el ejemplo de los que por fe y con paciencia heredan las promesas de Dios.

De estas dos cosas que no pueden cambiarse y en las que es imposible que Dios mienta, recibimos un gran consuelo los que ahora acudimos a él en busca de su protección y confiados en la esperanza que nos ha dado.

Esta esperanza es como un ancla firme y segura para nuestra alma y penetra hasta la presencia misma de Dios. Allí Cristo entró por nosotros como precursor, convertido ya en sumo sacerdote eterno, de la misma clase de Melquisedec.

—Hebreos 6.11, 12, 18–20

Todos los que el Padre me da vendrán a mí; y al que viene a mí, no lo rechazo.

—Juan 6.37

Cristo es tu
SUFICIENCIA

Poderoso es Dios para darles en abundancia sus bendiciones, de tal manera que, siempre y en todas las circunstancias, no sólo tengan para satisfacer las necesidades propias sino también para dar en abundancia a los demás.

—2 CORINTIOS 9.8

Por eso, mi Dios les dará todo lo que necesiten, conforme a las gloriosas riquezas que tiene en Cristo Jesús.

—FILIPENSES 4.19

Por eso les digo que todo lo que pidan en oración, crean que lo recibirán, y así será.

—MARCOS 11.24

No porque creamos que por nosotros mismos podemos hacer las cosas. Dios es la fuente de nuestro poder.

—2 CORINTIOS 3.5

Todo lo puedo en Cristo que me da fortaleza.

—FILIPENSES 4.13

Oro también para que comprendan el increíblemente inmenso poder con que Dios ayuda a los que creen en él. Ese poder es la fuerza grandiosa y eficaz.

—EFESIOS 1.19

Y las tres veces me ha respondido: «Debe bastarte mi amor. Mi poder se manifiesta más cuando la gente es débil». Por eso, de muy buena gana me siento orgulloso de mis debilidades; gracias a ellas, se muestra en mí el poder de Cristo.

—2 Corintios 12.9

A pesar de todo, nuestra victoria es absoluta, gracias a Cristo que nos amó.

—Romanos 8.37

Alabado sea Dios, Padre de nuestro Señor Jesucristo, que nos bendijo con toda clase de bendiciones espirituales en los cielos porque pertenecemos a Cristo.

—Efesios 1.3

Si ustedes siguen unidos a mí y mis palabras permanecen en ustedes, pueden pedir lo que quieran y se les dará.

—Juan 15.7

Todo lo que ustedes pidan en mi nombre, yo lo haré; así el Padre será glorificado en el Hijo.

—Juan 14.13

Cuando llegue ese día ya no me preguntarán nada. Les aseguro que mi Padre les dará todo lo que le pidan en mi nombre. Hasta ahora no han pedido nada en mi nombre. Pidan y recibirán, para que su alegría sea completa.

—Juan 16.23, 24

Cualquier cosa que pidan en oración la recibirán, si de veras creen.

—MATEO 21.22

Si Dios no dudó al entregar a su Hijo por nosotros, ¿no nos dará también, junto con él, todas las cosas?

—ROMANOS 8.32

Dios en su gran poder nos ha concedido lo que necesitamos para llevar una vida piadosa. ¡Lo hizo cuando conocimos a Aquel que nos llamó por su propia gloria y excelencia! Dios nos ha dado preciosas y grandísimas promesas para que ustedes, luego de escapar de la corrupción de este mundo debido a los malos deseos, puedan ser partícipes de la naturaleza divina.

—2 PEDRO 1.3, 4

Alaba, alma mía, al SEÑOR, y no olvides ninguna de las cosas buenas que él te da. Él perdona todos tus pecados y sana todas tus enfermedades, y rescata tu vida del sepulcro. Te rodea de tierno amor y misericordia.

—SALMO 103.2-4

Cristo es tu
COMPLETA SACIEDAD

❦———————————————❦

¡Dichosos los que tienen hambre y sed de justicia,
porque quedarán satisfechos!

—MATEO 5.6

Deléitate en el SEÑOR. Así él te dará lo que tu
corazón anhela.

—SALMO 37.4

Porque él satisface al sediento y llena de bien al
hambriento.

—SALMO 107.9

Llena tu vida de cosas buenas. Te rejuvenece como a
las águilas.

—SALMO 103.5

Una vez más tendrán comida en abundancia.
Entonces cantarán de alegría en mi honor, que soy el
SEÑOR su Dios, porque haré todo esto. Y nunca más mi
pueblo experimentará desastre semejante a éste, ¡nunca
más mi pueblo volverá a ser humillado!

—JOEL 2.26

Jesús les dijo:
—Yo soy el pan que da vida. El que viene a mí no
volverá a tener hambre, y el que cree en mí no volverá
a tener sed.

—JUAN 6.35

Los pobres comerán y se saciarán; cuantos busquen al Señor lo hallarán. De gozo constante tendrán lleno el corazón.

—Salmo 22.26

Jesús respondió:

—Cualquiera que beba de esta agua volverá a tener sed, pero el que beba del agua que yo le dé, no volverá a tener sed jamás, porque dentro de él esa agua se convertirá en un manantial del que brotará vida eterna.

—Juan 4.13, 14

El Señor responderá: «Vean, yo les envío mucho trigo, vino y aceite para satisfacer plenamente su necesidad. Ya no los haré el hazmerreír entre las naciones».

—Joel 2.19

Si dan de comer al hambriento y ayudan a los que sufren, entonces su luz brillará entre las tinieblas, y su noche será como luminoso día. Yo, el Señor, los guiaré de continuo, y les daré de comer en el desierto y siempre tendrán fuerzas. Serán como huerto bien regado, como manantial que fluye sin cesar.

—Isaías 58.10, 11

Los ojos de toda la humanidad te buscan esperando auxilio; tú les das el alimento que necesitan. Abres la mano y satisfaces el hambre y la sed de toda criatura viviente.

—Salmo 145.15, 16

¿Por qué gastar su dinero en alimento que no nutre? ¿Por qué pagar por víveres que no aprovechan? Escuchen y les diré dónde obtener buen alimento que fortalece el alma.

—ISAÍAS 55.2

Festejaré a los sacerdotes con la abundancia de ofrendas que les llevarán al templo. Satisfaceré de la abundancia mía a mi pueblo, dice el SEÑOR.

—JEREMÍAS 31.14

Tú dejas mi alma más satisfecha que un delicioso banquete; te alabarán mis labios con gran júbilo.
Paso la noche despierto en mi lecho pensando en ti.

—SALMO 63.5, 6

Si Dios no dudó al entregar a su Hijo por nosotros, ¿no nos dará también, junto con él, todas las cosas?

—ROMANOS 8.32

Cristo es tu
TODO

Por eso, mi Dios les dará todo lo que necesiten, conforme a las gloriosas riquezas que tiene en Cristo Jesús.

—FILIPENSES 4.19

Todo lo puedo en Cristo que me da fortaleza.

—FILIPENSES 4.13

A pesar de todo, nuestra victoria es absoluta, gracias a Cristo que nos amó.

—ROMANOS 8.37

Por lo tanto, nadie debe sentirse orgulloso de seguir a ningún hombre, pues todo es de ustedes. De ustedes son Pablo, Apolos, Cefas, el mundo, la vida, la muerte, lo presente, lo por venir. Y ustedes son de Cristo y Cristo es de Dios.

—1 CORINTIOS 3.21-23

¡Alabado sea el SEÑOR, alabado sea nuestro Dios y Salvador! Porque día tras día nos lleva cargados en sus brazos.

—SALMO 68.19

Cuando llegue ese día ya no me preguntarán nada. Les aseguro que mi Padre les dará todo lo que le pidan en mi nombre. Hasta ahora no han pedido nada en mi nombre. Pidan y recibirán, para que su alegría sea completa.

—JUAN 16.23, 24

Si ustedes siguen unidos a mí y mis palabras permanecen en ustedes, pueden pedir lo que quieran y se les dará.

—JUAN 15.7

Por eso les digo que todo lo que pidan en oración, crean que lo recibirán, y así será.

— MARCOS 11.24

Alabado sea Dios, Padre de nuestro Señor Jesucristo, que nos bendijo con toda clase de bendiciones espirituales en los cielos porque pertenecemos a Cristo.

—EFESIOS 1.3

Y cualquier cosa que le pidamos la recibiremos, porque obedecemos sus mandamientos y hacemos lo que le agrada.

—1 JUAN 3.22

Dios tomó a Cristo, que no tenía pecado, y puso sobre él nuestros pecados, para declararnos justos por medio de Cristo.

—2 CORINTIOS 5.21

Porque para mí el vivir es Cristo y el morir es ganancia.

—FILIPENSES 1.21

Por lo tanto, si alguien está unido a Cristo, es una nueva creación. ¡Lo viejo ha quedado atrás y lo nuevo ha llegado!

—2 Corintios 5.17

A Dios sea la gloria, pues por su poder eficaz que actúa en nosotros, él puede hacer muchísimo más de lo que nos podemos imaginar o pedir. A él sea la gloria en la iglesia y en Cristo Jesús, por todos los siglos venideros. Amén.

—Efesios 3.20, 21

Poderoso es Dios para darles en abundancia sus bendiciones, de tal manera que, siempre y en todas las circunstancias, no sólo tengan para satisfacer las necesidades propias sino también para dar en abundancia a los demás.

—2 Corintios 9.8

Cualquier cosa que pidan en oración la recibirán, si de veras creen.

—Mateo 21.22

La Biblia es tu. . .

La Biblia es tu
AUTORIDAD INFALIBLE

La Escritura entera es inspirada por Dios y es útil
para enseñarnos, para reprendernos, para corregirnos y
para indicarnos cómo llevar una vida justa.

—2 TIMOTEO 3.16

Ustedes deben entender esto: Ninguna profecía
de las Escrituras puede ser interpretada como uno
quiera, porque los profetas no hablaron por su propia
iniciativa. Ellos hablaron de parte de Dios, y fueron
inspirados por el Espíritu Santo.

—2 PEDRO 1.20, 21

La palabra de Dios es viva y poderosa. Es más cortante
que una espada de dos filos que penetra hasta lo más
profundo de nuestro ser, y examina nuestros más
íntimos pensamientos y los deseos de nuestro corazón.

—HEBREOS 4.12

Así como la lluvia y la nieve descienden del cielo y
permanecen en la tierra para regarla, haciendo que la
tierra dé grano y produzca semilla para el sembrador y
pan para el hambriento, así es mi palabra. Yo la envío
y siempre produce fruto. Realiza cuanto yo quiero y
prospera en dondequiera la envíe.

—ISAÍAS 55.10, 11

Pues ustedes han nacido de nuevo, no de padres
mortales, sino de la palabra de Dios que vive y permanece.

—1 PEDRO 1.23

Ustedes estudian con cuidado las Escrituras porque piensan que en ellas hallan la vida eterna. Y son ellas las que hablan de mí.

—Juan 5.39

Porque bastó que hablara, y surgió el mundo. ¡A su mandato, apareció!

—Salmo 33.9

Toda palabra de Dios es verdadera. Él protege a los que acuden a él en busca de protección.

—Proverbios 30.5

Tu palabra, Señor, es eterna, y permanece firme en el cielo.

—Salmo 119.89

Bastó que hablara, y se formaron los cielos; que soplara para que se formaran todas las estrellas.

—Salmo 33.6

Él hace lo que dice y cumple las promesas de Dios. Y nosotros, por medio de Cristo, respondemos «amén», para gloria de su nombre.

—2 Corintios 1.20

«Todo humano es como la hierba, y toda su gloria como la flor del campo; la hierba se seca y la flor se cae, pero la palabra del Señor permanece para siempre». Y ésta es la palabra del evangelio que se les ha anunciado a ustedes.

—1 Pedro 1.24, 25

El cielo y la tierra pasarán, pero mis palabras nunca pasarán.

—Marcos 13.31

La Biblia es tu
TESTAMENTO

Ahora los encomiendo al cuidado de Dios y a su palabra, que es capaz de fortalecerlos y de darles la herencia con los demás que están apartados para Dios.

—HECHOS 20.32

Para que les abras los ojos y dejen las tinieblas para venir a la luz, para que dejen el poder de Satanás por el de Dios. Y así, por la fe en mí, reciban el perdón de los pecados y la herencia junto con el santo pueblo de Dios.

—HECHOS 26.18

Porque el Espíritu mismo le asegura a nuestro espíritu que somos hijos de Dios.

Y como somos sus hijos, somos herederos: herederos de Dios y coherederos junto con Cristo. Pero si compartimos su gloria, también hemos de participar de sus sufrimientos.

—ROMANOS 8.16, 17

En virtud de lo que Cristo hizo, ahora somos herederos, porque en su plan soberano nos escogió desde el principio para ser suyos; y esto es el cumplimiento de ese plan que Dios quería llevar a cabo. Lo hizo porque desea que nosotros, que fuimos los primeros en esperar al Mesías, celebremos su gloria.

Gracias también a lo que Cristo hizo, cuando ustedes escucharon el mensaje verdadero de las buenas noticias de salvación y creyeron en él, fueron marcados con el sello que es el Espíritu Santo que él había prometido. La presencia del Espíritu Santo en nosotros es como el sello de garantía de que Dios nos dará nuestra herencia. Además, significa que Dios ya nos ha comprado y que nos salvará hasta el final. Todo esto lo hizo para que le alabemos y le demos a él la gloria.

—Efesios 1.11-14

Y si ustedes son de Cristo, son la verdadera descendencia de Abraham y herederos de las promesas que Dios le hizo.

—Gálatas 3.29

Este es el misterio: que los no judíos compartirán plenamente la herencia con Israel. Ambos son miembros del mismo cuerpo y participan de la misma promesa que Dios nos hizo en Cristo Jesús por medio de las buenas nuevas.

—Efesios 3.6

En la casa de mi Padre hay muchas viviendas; si no fuera así, no les habría dicho que voy a prepararles un lugar. Y si me voy a prepararles un lugar, volveré para llevármelos conmigo. Así ustedes estarán donde yo esté.

—Juan 14.2, 3

Deseaban, más bien, una patria mejor, es decir, la celestial. Por eso, Dios no se avergonzó de llamarse el Dios de ellos, y les preparó una ciudad.

—HEBREOS 11.16

Entonces yo, el Rey, diré a los de mi derecha: «Vengan, benditos de mi Padre. Entren al reino que está preparado para ustedes desde la fundación del mundo».

—MATEO 25.34

Él hace lo que dice y cumple las promesas de Dios. Y nosotros, por medio de Cristo, respondemos «amén», para gloria de su nombre.

—2 CORINTIOS 1.20

¡Alabemos a Dios, Padre de nuestro Señor Jesucristo!, porque su misericordia es grande y nos ha hecho nacer de nuevo por medio de la resurrección de Jesucristo. Esto fue así para que tengamos una esperanza viva y recibamos una herencia que no se puede destruir ni marchitar ni manchar. Esa es la herencia que está reservada en el cielo para ustedes.

—1 PEDRO 1.3, 4

Esto es lo que las Escrituras dicen:
«Ningún mortal ha visto, ni oído, ni imaginado las maravillas que Dios tiene preparadas para los que aman al Señor».

—1 CORINTIOS 2.9

Dios nos ha dado preciosas y grandísimas promesas para que ustedes, luego de escapar de la corrupción de este mundo debido a los malos deseos, puedan ser partícipes de la naturaleza divina.

—2 PEDRO 1.4

Hagan lo que hagan, háganlo bien, como si en vez de estar trabajando para amos terrenales estuvieran trabajando para el Señor. Recuerden que el Señor Jesucristo les dará la parte que les corresponde, pues él es el Señor a quien en realidad sirven ustedes.

—COLOSENSES 3.23, 24

No seas impaciente esperando que el SEÑOR se manifieste. Continúa tu marcha firme por su senda, y a su tiempo él te honrará para que heredes la tierra, y verás destruidos a los malvados.

—SALMO 37.34

La Biblia es tu
GUÍA EN LA VIDA

Tu palabra es una lámpara a mis pies, y una luz en mi sendero.

—SALMO 119.105

Adonde vayas, te servirán de guía; mientras estés dormido, te protegerán; al despertar, te aconsejarán. Porque estos mandamientos y enseñanzas son lámpara que alumbra tu camino delante de ti; su corrección y consejos son el camino de la vida.

—PROVERBIOS 6.22, 23

He atesorado tu palabra en mi corazón, para no pecar contra ti.

—SALMO 119.11

Porque ellos advierten al que los oye y hacen triunfar a quienes los obedecen.

—SALMO 19.11

Dios nos ha dado preciosas y grandísimas promesas para que ustedes, luego de escapar de la corrupción de este mundo debido a los malos deseos, puedan ser partícipes de la naturaleza divina.

—2 PEDRO 1.4

Entonces Jesús les dijo a los judíos que creyeron en él:
—Si ustedes se mantienen obedientes a mis enseñanzas, serán de verdad mis discípulos. Entonces conocerán la verdad, y la verdad los hará libres.

—JUAN 8.31, 32

¿Cómo puede mantenerse íntegro el joven?, viviendo conforme a tu palabra.

—SALMO 119.9

Los pasos de los buenos son guiados por el SEÑOR. Él se deleita en cada paso que dan.

—SALMO 37.23

El SEÑOR dice: «Yo te instruiré y te guiaré por el mejor camino para tu vida; yo te aconsejaré y velaré por ti».

—SALMO 32.8

Me infunde nuevas fuerzas. Me guía por sendas de justicia, por amor a su nombre.

—SALMO 23.3

Y si abandonan las sendas de Dios y se extravían, escucharán tras ustedes una voz que dirá:
—No, éste es el camino, caminen por aquí.

—ISAÍAS 30.21

Así lo prometió hace mucho tiempo, por medio de sus santos profetas:
para dar luz a los que viven en tinieblas y en la más terrible oscuridad; para guiar nuestros pasos por el camino de la paz.

—LUCAS 1.70, 79

Que no se aparte nunca de tu boca este libro de la ley. Medita en él día y noche y obedécelo al pie de la letra. Solamente así tendrás éxito.

—JOSUÉ 1.8

Tus leyes son mi deleite y también mis consejeras.

—SALMO 119.24

La Escritura entera es inspirada por Dios y es útil para enseñarnos, para reprendernos, para corregirnos y para indicarnos cómo llevar una vida justa. De esa manera, los servidores de Dios estarán plenamente capacitados para hacer el bien.

—2 TIMOTEO 3.16, 17

La Biblia es tu
ESTABILIDAZOR

Pues ustedes han nacido de nuevo, no de padres mortales, sino de la palabra de Dios que vive y permanece. «Todo humano es como la hierba, y toda su gloria como la flor del campo; la hierba se seca y la flor se cae, pero la palabra del Señor permanece para siempre». Y ésta es la palabra del evangelio que se les ha anunciado a ustedes.

—1 PEDRO 1.23-25

Tu palabra, SEÑOR, es eterna, y permanece firme en el cielo.

—SALMO 119.89

El cielo y la tierra desaparecerán, pero mis palabras permanecerán, para siempre.

—MATEO 24.35

¡Pues yo soy el SEÑOR! ¡Lo que yo anuncio siempre se cumple! ¡No habrá más demoras, oh testaduros de Israel! ¡Lo haré muy pronto, ustedes lo verán!, dice el SEÑOR Dios.

—EZEQUIEL 12.25

¿Qué más se puede decir? Si Dios está de parte nuestra, ¿quién podrá estar contra nosotros?

—ROMANOS 8.31

Hijo mío, toma en cuenta mis consejos, escucha atentamente mis palabras. No pierdas de vista mis palabras, grábalas en lo más profundo de tu corazón. Porque ellas traen vida y salud a quienes las hallan.

—PROVERBIOS 4.20-22

La hierba se seca, y se marchita la flor, pero la Palabra de nuestro Dios permanecerá viva para siempre.

—ISAÍAS 40.8

Les aseguro que mientras existan el cielo y la tierra, ni la parte más pequeña e insignificante de la ley se pasará por alto, hasta que ésta se cumpla totalmente.

—MATEO 5.18

Bendito sea el SEÑOR, que ha cumplido su promesa y ha dado reposo a su pueblo Israel; ni una palabra ha dejado de cumplir de todas las maravillosas promesas dadas por su siervo Moisés.

—1 REYES 8.56

El Dios eterno es tu refugio, y abajo están los brazos eternos.

Arroja a tus enemigos delante de ti y grita: «¡Destrúyelos!»

—DEUTERONOMIO 33.27

El nombre del SEÑOR es una torre poderosa; los justos acuden a ella y están a salvo.

—PROVERBIOS 18.10

Me sacó del abismo de la desesperación, del pantano y del lodo; puso mis pies sobre senda dura y firme, y me fortaleció mientras yo proseguía mi camino.

—SALMO 40.2

Dios es nuestro amparo y nuestra fuerza, nuestra pronta ayuda en tiempos de tribulación.

—SALMO 46.1

El Señor, que es fiel, les dará fortaleza y los guardará del maligno.

—2 TESALONICENSES 3.3

Y ahora, que la gloria, la majestad, el imperio y la potencia sean eternamente del único Dios, Salvador nuestro por medio de Jesucristo, quien tiene poder para conservarlos sin caída y, con gran alegría, presentarlos sin tacha ante su gloriosa presencia. Amén.

—JUDAS 24, 25

La Biblia es tu
FORTALEZA

«Dios te ama muchísimo», me dijo. «No temas. ¡Cálmate y sé fuerte, sí, ten ánimo!»

De repente, mientras decía estas palabras, yo me sentí más fuerte y le dije: «Ahora puede seguir adelante y hablar, señor, pues me ha fortalecido».

—DANIEL 10.19

Lloro de angustia; anímame con tu palabra.

—SALMO 119.28

Porque el SEÑOR Dios, el Santo de Israel dice:

«Sólo volviéndose a mí y confiando en mí serán salvados. En la quietud y confianza en mí está su fuerza, pero nada de eso tendrán».

—ISAÍAS 30.15

Y le pido que de sus gloriosas riquezas los fortalezca interiormente por medio de su Espíritu.

Pido también que, por medio de la fe, Cristo habite en sus corazones, y que ustedes echen raíces y se cimienten en el amor.

—EFESIOS 3.16, 17

Son míos el consejo y el sentido común; son míos el entendimiento y el poder.

—PROVERBIOS 8.14

Así podrán agradar y honrar al Señor en todo; harán toda clase de buenas obras y conocerán cada día más y mejor a Dios. Además, estarán llenos del grande y glorioso poder divino para perseverar a pesar de las circunstancias adversas; y con gozo darán gracias al Padre, que nos ha capacitado para participar de la herencia que pertenece a los que viven en el reino de la luz.

—COLOSENSES 1.10-12

Pero los que esperan en el SEÑOR renovarán sus fuerzas: emprenderán vuelo como si tuvieran alas de águilas, correrán y no se cansarán, caminarán y no desfallecerán.

—ISAÍAS 40.31

Además, Esdras les dijo: «¡Vayan a sus casas a celebrar este día! Preparen buena comida, beban vino dulce y compartan con los que no tienen nada preparado. No, no se entristezcan por-que el gozo del SEÑOR es nuestra fortaleza».

—NEHEMÍAS 8.10

Todo lo puedo en Cristo que me da fortaleza.

—FILIPENSES 4.13

No temas, pues yo estoy contigo, no te desanimes. Yo soy tu Dios, yo te fortaleceré, yo te ayudaré, yo te sostendré con mi triunfante mano diestra.

—ISAÍAS 41.10

Él da fuerzas al cansado y extenuado, y vigor al débil.

—ISAÍAS 40.29

El SEÑOR es mi fortaleza, mi roca y mi salvación; mi Dios es la roca en la que me refugio. Él es mi escudo, el poder que me salva.

—SALMO 18.2

Por ello, vístanse de toda la armadura de Dios para que puedan resistir en el día malo y así, al terminar la batalla, estén todavía en pie.

—EFESIOS 6.13

El SEÑOR es mi luz y mi salvación; ¿a quién temeré? El SEÑOR me protege del peligro, ¿quién podrá amedrentarme?

—SALMO 27.1

Por último, recuerden que su fortaleza debe venir del gran poder del Señor.

—EFESIOS 6.10

Qué hacer cuando te sientes...

Qué hacer cuando te sientes
DESANIMADO

~~~

¡Ay de los que madrugan a embriagarse y siguen el jolgorio hasta altas horas de la noche! ¡Ay de ustedes, borrachos!

—ISAÍAS 5.11

Esto es lo que a ustedes los llena de alegría, a pesar de tener que sufrir diversas pruebas por algún tiempo. La fe de ustedes es como el oro que tiene que probarse por medio del fuego. Así también su fe, que vale mucho más que el oro, tiene que probarse por medio de los problemas y, si es aprobada, recibirá gloria y honor cuando Jesucristo aparezca. Ustedes aman a Jesucristo a pesar de que no lo han visto; y aunque ahora no lo ven, creen en él y se llenan de una gran alegría, porque están obteniendo su salvación que es la meta de su fe.

—1 PEDRO 1.6-9

No se angustien por nada; más bien, oren; pídanle a Dios en toda ocasión y denle gracias. Y la paz de Dios, esa paz que nadie puede comprender, cuidará sus corazones y pensamientos en Cristo.

Por último, hermanos, piensen en todo lo que es verdadero, todo lo que es respetable, todo lo justo, todo lo puro, todo lo amable, todo lo que es digno de admiración; piensen en todo lo que se reconoce como virtud o que merezca elogio.

—FILIPENSES 4.6-8

Aunque me rodeen tribulaciones, tú me librarás de la ira de mis enemigos. Contra el enojo de mis enemigos extenderás tu mano. Tu poder me salvará.

—SALMO 138.7

No se angustien. Confíen en Dios, y confíen también en mí.

—JUAN 14.1

Les dejo la paz, les doy mi paz; pero no se la doy a ustedes como la da el mundo. No se angustien ni tengan miedo.

—JUAN 14.27

Estamos acosados por problemas, pero no estamos vencidos. Enfrentamos grandes dificultades, pero no nos desesperamos. Nos persiguen, pero Dios no nos abandona nunca. Nos derriban, pero no nos pueden destruir.

—2 CORINTIOS 4.8, 9

Por eso, no pierdan la confianza, porque ésta les traerá una gran recompensa. Ustedes necesitan seguir confiando para que, después de haber cumplido la voluntad de Dios, reciban lo que él ha prometido.

—HEBREOS 10.35, 36

El que comenzó tan buena obra en ustedes la irá
perfeccionando hasta el día en que Jesucristo regrese.
De esto estoy seguro.

—FILIPENSES 1.6

Así que no nos cansemos de hacer el bien, porque
si lo hacemos sin desmayar, a su debido tiempo
recogeremos la cosecha.

—GÁLATAS 6.9

Anímense y sean fuertes todos ustedes que confían
en el SEÑOR.

—SALMO 31.24

El SEÑOR es mi luz y mi salvación; ¿a quién temeré?
El SEÑOR me protege del peligro, ¿quién podrá
amedrentarme? Cuando los malvados se lancen a
destruirme, tropezarán y caerán. Sí, aunque un poderoso
ejército marche contra mí, mi corazón no abrigará
temor. Aunque ellos me ataquen, confío en Dios.

Lo que pido de Dios, lo que más deseo, es el
privilegio de meditar en su templo, vivir en su
presencia cada día de mi vida y deleitarme en su
perfección y gloria. Allí estaré yo cuando sobrevengan
las tribulaciones. Él me esconderá en su santuario. Él
me pondrá sobre alta roca. Entonces alzaré mi cabeza,
sobre todos mis enemigos que me rodean. Entonces
le llevaré sacrificios y con gran gozo entonaré sus
alabanzas.

¡Escucha mis súplicas, SEÑOR! Ten piedad y envíame
el socorro que necesito.

Mi corazón te oyó decir: «Ven y conversa conmigo».
Y mi corazón responde: «Ya voy Señor».

¡Oh, no te ocultes cuando procuro hallarte! Airado, no rechaces a tu siervo. Tú has sido mi auxilio; no me dejes ahora, no me abandones, Dios de mi salvación: Si mi padre y mi madre me abandonaran, tú me recibirías y me consolarías.

Señor, enséñame cómo debo vivir; guíame por la senda de rectitud, pues estoy rodeado de enemigos que me acechan. No dejes que me atrapen, Señor. ¡No permitas que yo caiga en sus manos! Porque me acusan de lo que jamás he cometido, y respiran contra mí violencia. Yo sé que veré tu bondad, mientras esté aquí en la tierra de los vivientes.

Espera al Señor; él acudirá. Sé valiente, resuelto y animoso. Sí; espera, y él te ayudará.

—Salmo 27.1-14

Qué hacer cuando te sientes
PREOCUPADO

Dejen en las manos de Dios todas sus preocupaciones, porque él cuida de ustedes.

—1 PEDRO 5.7

No se angustien. Confíen en Dios, y confíen también en mí.

—JUAN 14.1

No se angustien por nada; más bien, oren; pídanle a Dios en toda ocasión y denle gracias. Y la paz de Dios, esa paz que nadie puede comprender, cuidará sus corazones y pensamientos en Cristo.

—FILIPENSES 4.6, 7

Que la paz de Dios reine en sus corazones, porque ese es su deber como miembros del cuerpo de Cristo. Y sean agradecidos.

—COLOSENSES 3.15

Él cuidará en perfecta paz a todos los que confían en él y cuyos pensamientos buscan a menudo al SEÑOR.

—ISAÍAS 26.3

En paz me acostaré y dormiré porque sólo tú, SEÑOR, me haces vivir seguro.

—SALMO 4.8

Por eso, mi Dios les dará todo lo que necesiten,
conforme a las gloriosas riquezas que tiene en Cristo
Jesús.

—FILIPENSES 4.19

Por ello les aconsejo que no se preocupen por
la comida, la bebida o la ropa. ¡Es mucho más
importante tener vida y un cuerpo, que tener qué
comer y qué vestir! Fíjense en los pájaros, que no
siembran ni cosechan ni andan guardando comida, y
el Padre celestial los alimenta. ¡Para él ustedes valen
más que cualquier ave! Además, ¿qué gana uno con
preocuparse?; ¿podemos acaso alargar nuestra vida
aunque sea una hora? ¿Para qué preocuparse de la
ropa? ¡Miren los lirios del campo, que no tejen su
propia ropa, y ni aun Salomón con todo su esplendor
se vistió jamás con tanta belleza. Si Dios cuida tan
admirablemente las flores, que hoy están aquí y
mañana se queman en el fuego, ¿no los cuidará mucho
más a ustedes, hombres de poca fe? Por eso, no se
anden preocupando por la comida o por la ropa. ¡Los
paganos son los que siempre se andan preocupando
de esas cosas! Recuerden que su Padre celestial sabe
lo que necesitan. Lo más importante es que primero
busquen el reino de Dios y hagan lo que es justo. Así,
Dios les proporcionará todo lo que necesiten. No se
preocupen por lo que sucederá mañana, pues mañana
tendrán tiempo para hacerlo. Ya tienen suficiente con
los problemas de hoy.

—MATEO 6.25-34

Los que ocupan su mente en las cosas del Espíritu tienen vida y paz; pero el ocuparse de las cosas de la naturaleza pecaminosa produce muerte.

—ROMANOS 8.6

Al acostarte, no tendrás ningún temor y dormirás tranquilamente.

—PROVERBIOS 3.24

Sólo los que tenemos fe podemos entrar en el reposo de Dios. Él ha dicho: «airado contra ellos, juré que no entrarían al reposo que les tenía preparado».

Aunque su trabajo quedó listo con la creación del mundo.

Por lo tanto, todavía queda un reposo para el pueblo de Dios.

—HEBREOS 4.3, 9

Los que aman tus leyes tienen profunda paz y no tropiezan.

—SALMO 119.165

El que vive al abrigo del Altísimo, descansará bajo la sombra del Todopoderoso.

Yo le digo al SEÑOR: «Tú eres mi refugio y en ti estoy seguro; eres mi Dios, y en ti confío».

—SALMO 91.1, 2

Les dejo la paz, les doy mi paz; pero no se la doy a ustedes como la da el mundo. No se angustien ni tengan miedo.

—JUAN 14.27

Qué hacer cuando te sientes
SOLO

No amen el dinero. Estén contentos con lo que tienen, porque Dios ha dicho:

«Nunca te dejaré; jamás te abandonaré».

—HEBREOS 13.5

Y enséñenles a obedecer los mandamientos que les he dado. De una cosa podrán estar seguros: Estaré con ustedes siempre, hasta el fin del mundo.

—MATEO 28.20

El SEÑOR no abandonará a su pueblo escogido, porque ello deshonraría su gran nombre. Él los ha hecho una nación especial simplemente porque él lo ha querido.

—1 SAMUEL 12.22

No temas, pues yo estoy contigo, no te desanimes. Yo soy tu Dios, yo te fortaleceré, yo te ayudaré, yo te sostendré con mi triunfante mano diestra.

—ISAÍAS 41.10

No los voy a dejar huérfanos; volveré a estar con ustedes.

—JUAN 14.18

No se angustien. Confíen en Dios, y confíen también en mí.

—JUAN 14.1

El Dios eterno es tu refugio, y abajo están los brazos eternos.

Arroja a tus enemigos delante de ti y grita: «¡Destrúyelos!»

—DEUTERONOMIO 33.27

Él sana a los quebrantados de corazón y les venda las heridas.

—SALMO 147.3

¿Quién podrá apartarnos del amor de Cristo? ¿El sufrimiento, la angustia, la persecución, el hambre, la pobreza, el peligro, las amenazas de muerte?

Las Escrituras dicen:

«Por tu causa nos amenazan de muerte todo el tiempo, nos tratan como a ovejas de matadero».

A pesar de todo, nuestra victoria es absoluta, gracias a Cristo que nos amó.

Estoy convencido de que nada podrá apartarnos de su amor; ni la muerte, ni la vida, ni los ángeles, ni los demonios, ni lo presente, ni lo que está por venir, ni los poderes, ni lo alto, ni lo profundo, ni cosa alguna de toda la creación. ¡Nada podrá separarnos del amor que Dios nos ha demostrado en Cristo Jesús, nuestro Señor!

—ROMANOS 8.35-39

Porque el SEÑOR su Dios es misericordioso; él no los abandonará ni los destruirá ni olvidará el pacto y las promesas hechas a sus antepasados.

—DEUTERONOMIO 4.31

Sé fuerte. Sé valiente. No temas delante de ellos porque el SEÑOR tu Dios estará contigo, no te dejará ni te abandonará.

—DEUTERONOMIO 31.6

Si mi padre y mi madre me abandonaran, tú me recibirías y me consolarías.

—SALMO 27.10

Podrán los montes marcharse y desaparecer las colinas, pero la misericordia mía no te dejará. Jamás será quebrantada mi promesa de paz para ti, dice el SEÑOR, quien tiene misericordia de ti.

—ISAÍAS 54.10

Dejen en las manos de Dios todas sus preocupaciones, porque él cuida de ustedes.

—1 PEDRO 5.7

Dios es nuestro amparo y nuestra fuerza, nuestra pronta ayuda en tiempos de tribulación.

—SALMO 46.1

Qué hacer cuando te sientes
DEPRIMIDO

Sí, el SEÑOR escucha al bueno cuando le pide ayuda,
y lo libra de todas sus tribulaciones.

—SALMO 34.17

Cuando pases por aguas profundas de gran
tribulación, yo estaré contigo. Cuando pases por
ríos no te ahogarás. Cuando pases por fuego no te
quemarás, las llamas no te consumirán.

—ISAÍAS 43.2

Un instante dura su ira; su gracia perdura de por
vida. Las lágrimas pueden huir la noche entera, pero al
amanecer habrá gozo.

—SALMO 30.5

Queridos hermanos, no se sorprendan del fuego de
la prueba por el que están pasando, como si fuera algo
extraño. Al contrario, alégrense de tener parte en los
sufrimientos de Cristo, para que también se alegren
muchísimo cuando se muestre la gloria de Cristo.

—I PEDRO 4.12, 13

A todos los que guardan luto en Israel les dará:
belleza en vez de cenizas, júbilo en vez de llanto, y
alabanza en vez de abatimiento. Porque para gloria

de Dios, él mismo los ha plantado como vigorosos y esbeltos robles.

—Isaías 61.3

Pero los que esperan en el Señor renovarán sus fuerzas: emprenderán vuelo como si tuvieran alas de águilas, correrán y no se cansarán, caminarán y no desfallecerán.

—Isaías 40.31

¡Bendito sea el Dios y Padre de nuestro Señor Jesucristo, Padre misericordioso y Dios de toda consolación! Él nos consuela en todas nuestras tribulaciones, para que podamos consolar a todos los que sufren, con el mismo consuelo que él nos prodigó.

—2 Corintios 1.3, 4

Estoy convencido de que nada podrá apartarnos de su amor; ni la muerte, ni la vida, ni los ángeles, ni los demonios, ni lo presente, ni lo que está por venir, ni los poderes, ni lo alto, ni lo profundo, ni cosa alguna de toda la creación. ¡Nada podrá separarnos del amor que Dios nos ha demostrado en Cristo Jesús, nuestro Señor!

—Romanos 8.38, 39

Por último, hermanos, piensen en todo lo que es verdadero, todo lo que es respetable, todo lo justo, todo lo puro, todo lo amable, todo lo que es digno de admiración; piensen en todo lo que se reconoce como virtud o que merezca elogio.

—Filipenses 4.8

Él sana a los quebrantados de corazón y les venda las heridas.

—SALMO 147.3

No temas, pues yo estoy contigo, no te desanimes. Yo soy tu Dios, yo te fortaleceré, yo te ayudaré, yo te sostendré con mi triunfante mano diestra.

—ISAÍAS 41.10

Humíllense bajo el poder de Dios, para que él los enaltezca cuando llegue el momento oportuno.
Dejen en las manos de Dios todas sus preocupaciones, porque él cuida de ustedes.

—1 PEDRO 5.6, 7

Jesús les contó una parábola a sus discípulos para enseñarles que debían orar siempre y sin desanimarse.

—LUCAS 18.1

Además, Esdras les dijo: «¡Vayan a sus casas a celebrar este día! Preparen buena comida, beban vino dulce y compartan con los que no tienen nada preparado. No, no se entristezcan porque el gozo del SEÑOR es nuestra fortaleza».

—NEHEMÍAS 8.10

Llegará el día cuando todos los redimidos de Dios regresarán a su patria. Volverán a Jerusalén con cánticos y llenos de gozo y de alegría sin fin; y el dolor y el luto habrán acabado para siempre.

—ISAÍAS 51.11

Qué hacer cuando te sientes
INSATISFECHO

Hasta los fuertes leoncillos a veces padecen hambre; pero los que reverenciamos al SEÑOR jamás careceremos de bien alguno.

—SALMO 34.10

Yo proveeré agua abundante para su sed y para sus campos resecos. Y yo derramaré mi Espíritu y mis bendiciones sobre sus hijos.

—ISAÍAS 44.3

Pero confía en el SEÑOR. Sé generoso y bueno; entonces vivirás y prosperarás aquí en la tierra.

—SALMO 37.3

Sé lo que es vivir en la pobreza y lo que es vivir en la abundancia. He aprendido a vivir en cualquier circunstancia: tanto a quedar satisfecho como a pasar hambre, a tener de sobra como a sufrir por no tener nada. Todo lo puedo en Cristo que me da fortaleza.

—FILIPENSES 4.12, 13

¡Oh Dios, mi Dios! ¡Cómo te busco! ¡Qué sed tengo de ti en esta tierra reseca y triste en donde no hay agua! ¡Cómo anhelo encontrarte! ¡Te he visto en tu santuario y he contemplado tu fortaleza y gloria, porque tu amor y bondad son para mí mejor que la vida misma! ¡Cuánto te alabo! Te bendeciré mientras viva, alzando a ti mis manos en oración. Tú dejas mi alma más satisfecha que un delicioso banquete; te alabarán mis labios con gran júbilo.

—SALMO 63.1-5

Cada uno recibe el fruto de lo que habla, y el fruto del trabajo de sus manos.

—PROVERBIOS 12.14

Satisfaceré de la abundancia mía a mi pueblo, dice el SEÑOR.

—JEREMÍAS 31.14B

Una vez más tendrán comida en abundancia. Entonces cantarán de alegría en mi honor, que soy el SEÑOR su Dios, porque haré todo esto. Y nunca más mi pueblo experimentará desastre semejante a éste, ¡nunca más mi pueblo volverá a ser humillado!

—JOEL 2.26

Alaba, alma mía al SEÑOR; alabe todo mi ser su santo nombre. Alaba, alma mía, al SEÑOR, y no olvides ninguna de las cosas buenas que él te da. Él perdona todos tus pecados y sana todas tus enfermedades, y rescata tu vida del sepulcro. Te rodea de tierno amor y misericordia. Llena tu vida de cosas buenas. Te rejuvenece como a las águilas.

—SALMO 103.1-5

Porque él satisface al sediento y llena de bien al hambriento.

—SALMO 107.9

¡Miren! ¡Dios ha acudido a salvarme! Estaré confiado y no temeré, porque el SEÑOR es mi fuerza y mi canción, ¡él es mi salvación! ¡Oh, qué gozo es beber hasta saciarse de la fuente de salvación!

—ISAÍAS 12.2, 3

Poderoso es Dios para darles en abundancia sus bendiciones, de tal manera que, siempre y en todas las circunstancias, no sólo tengan para satisfacer las necesidades propias sino también para dar en abundancia a los demás.

—2 CORINTIOS 9.8

¡Oigan! ¿Alguien tiene sed? ¡Que venga y beba, aunque no tenga dinero! ¡Vengan, elijan el vino y la leche que gusten: todo es gratis!

—ISAÍAS 55.1

¡Dichosos los que tienen hambre y sed de justicia, porque quedarán satisfechos!

—MATEO 5.6

Qué hacer cuando te sientes
CONDENADO

Así que a los que están unidos a Jesucristo ya no les espera ninguna condenación.

—ROMANOS 8.1

No nos ha castigado conforme a lo que merecemos por todos nuestros pecados.

Ha arrojado nuestros pecados tan lejos de nosotros como está el oriente del occidente.

—SALMO 103.10, 12

Por lo tanto, si alguien está unido a Cristo, es una nueva creación. ¡Lo viejo ha quedado atrás y lo nuevo ha llegado!

—2 CORINTIOS 5.17

Dios no envió a su Hijo para condenar al mundo, sino para salvarlo por medio de él. El que cree en el Hijo único de Dios no será condenado, pero quien no cree en él ya está condenado.

—JUAN 3.17, 18

Les aseguro que el que presta atención a lo que digo y cree en el que me envió, tiene vida eterna y no será condenado, porque ha pasado de la muerte a la vida.

—JUAN 5.24

Yo les perdonaré sus maldades y nunca más me acordaré de sus pecados.

—HEBREOS 8.12

Yo, sí, sólo yo soy quien borra sus pecados por amor a mí mismo y nunca más los recordaré.

—ISAÍAS 43.25

Los que siempre buscan hacer el mal, que abandonen sus malos pensamientos y ese estilo de vida, y vuélvanse al SEÑOR, pues él siempre está dispuesto a perdonarlos; el SEÑOR es un Dios compasivo.

—ISAÍAS 55.7

Pero un día reconocí ante ti todos mis pecados y no traté de ocultarlos más. Dije para mí: «Se los voy a confesar al SEÑOR». ¡Y tú me perdonaste! Toda mi culpa se esfumó.

—SALMO 32.5

Pero si confesamos a Dios nuestros pecados, él, que es fiel y justo, nos perdonará y nos limpiará de toda maldad.

—I JUAN 1.9

Qué felicidad la de aquellos cuya culpa ha sido perdonada! ¡Qué gozo hay cuando los pecados son borrados!

—SALMO 32.1

Escuché entonces que una potente voz proclamaba en el cielo:

¡Al fin llegó la salvación, el poder y el reino de nuestro Dios, y la autoridad de su Cristo!, porque el acusador de nuestros hermanos, el que los acusaba día y noche ante Dios, ha sido expulsado del cielo.

Ellos lo vencieron con la sangre del Cordero y por el mensaje del que dieron testimonio, pues teniendo en poco sus vidas, no evitaron la muerte.

—APOCALIPSIS 12.10, 11

Entonces él se enderezó y le preguntó:
—Mujer, ¿dónde están? ¿Nadie te ha condenado?
Ella dijo:
—Nadie, Señor.
—Yo tampoco te condeno. Vete y no vuelvas a pecar.

—JUAN 8.10, 11

En aquel tiempo ya no será necesario que uno al otro se amoneste para conocer al SEÑOR pues cada cual, el grande y el pequeño, realmente me conocerá, dice el SEÑOR, y yo perdonaré y olvidaré sus graves faltas.

—JEREMÍAS 31.34

Y puesto que es así, acerquémonos a Dios con corazón sincero y con la plena seguridad que da la fe, ya que en nuestro interior hemos sido purificados de una mala conciencia y exteriormente hemos sido lavados con agua pura.

—HEBREOS 10.22

Porque si se vuelven al SEÑOR, sus hermanos y sus hijos serán tratados con misericordia por sus captores, y podrán volver a su tierra. Porque el SEÑOR, Dios de ustedes, es benigno y misericordioso, y no apartará su rostro de ustedes, si ustedes se vuelven a él.

—2 CRÓNICAS 30.9

Qué hacer cuando te sientes
Confuso

A Dios no le agradan los desórdenes; le gusta la armonía, como la que reina en las demás iglesias.

—1 Corintios 14.33

El Espíritu que es don de Dios, no quiere que temamos a la gente, sino que tengamos fortaleza, amor y dominio propio.

—2 Timoteo 1.7

Porque donde hay envidias y rivalidades, también hay confusión y todo tipo de maldad. En cambio, la sabiduría que viene del cielo produce en primer lugar una vida pura. También produce paz, bondad, mansedumbre, imparcialidad, sinceridad y está llena de compasión y buenas acciones.

—Santiago 3.16-18

Ya que el Señor Dios me ayuda, no me desanimaré. Esa es la razón por la que me mantengo firme como roca, y sé que venceré.

—Isaías 50.7

Queridos hermanos, no se sorprendan del fuego de la prueba por el que están pasando, como si fuera algo extraño. Al contrario, alégrense de tener parte en los sufrimientos de Cristo, para que también se alegren muchísimo cuando se muestre la gloria de Cristo.

—1 PEDRO 4.12, 13

Si a alguno de ustedes le falta sabiduría, pídasela a Dios. Él se la dará, porque Dios da a todos en abundancia sin hacer ningún reproche.

—SANTIAGO 1.5

Confía en el SEÑOR con todo tu corazón, y no confíes en tu propia inteligencia. Busca la voluntad del SEÑOR en todo lo que hagas, y él dirigirá tus caminos.

—PROVERBIOS 3.5, 6

El SEÑOR dice: Yo te instruiré y te guiaré por el mejor camino para tu vida; yo te aconsejaré y velaré por ti.

—SALMO 32.8

Los que aman tus leyes tienen profunda paz y no tropiezan.

—SALMO 119.165

Lleva tus cargas al SEÑOR, él te sostendrá. No permitirá que el santo resbale o caiga.

—SALMO 55.22

Cuando pases por aguas profundas de gran tribulación, yo estaré contigo. Cuando pases por ríos no te ahogarás. Cuando pases por fuego no te quemarás, las llamas no te consumirán.

—ISAÍAS 43.2

Él da fuerzas al cansado y extenuado, y vigor al débil.

—ISAÍAS 40.29

Y si abandonan las sendas de Dios y se extravían, escucharán tras ustedes una voz que dirá:
—No, éste es el camino, caminen por aquí.

—ISAÍAS 30.21

No se angustien por nada; más bien, oren; pídanle a Dios en toda ocasión y denle gracias. Y la paz de Dios, esa paz que nadie puede comprender, cuidará sus corazones y pensamientos en Cristo.

—FILIPENSES 4.6, 7

Qué hacer cuando te sientes
TENTADO

Por lo tanto, el que piense que está firme, tenga cuidado de no caer. Ustedes no han pasado por ninguna tentación que no sea común al género humano. Pero pueden estar confiados en la fidelidad de Dios, que no dejará que la tentación sea más fuerte de lo que puedan resistir. Dios les mostrará la manera de resistir la tentación y escapar de ella.

—1 CORINTIOS 10.12, 13

En Jesús, el Hijo de Dios, tenemos un gran sumo sacerdote que subió al mismo cielo. Por eso, debemos seguir confiando en él. Nuestro sumo sacerdote entiende nuestras debilidades, porque él mismo experimentó nuestras tentaciones, si bien es cierto que nunca cometió pecado. Acerquémonos, pues, confiadamente al trono del Dios de amor, para encontrar allí misericordia y gracia en el momento en que las necesitemos.

—HEBREOS 4.14-16

Y ya que él mismo sufrió la tentación, puede ahora ayudar a los que son tentados.

—HEBREOS 2.18

No cabe duda entonces de que el Señor sabrá rescatar de las tentaciones a los que viven como él quiere.

—2 PEDRO 2.9A

¡Que el pecado no vuelva a dominarlos! Ya no estamos atados a la ley; ahora vivimos bajo la gracia de Dios.

—ROMANOS 6.14

He atesorado tu palabra en mi corazón, para no pecar contra ti.

—SALMO 119.11

Nadie debe decir, cuando es tentado, que es Dios el que lo tienta. Porque Dios no puede ser tentado por el mal, ni él tampoco tienta a nadie.

Al contrario, cada uno es tentado por sus propios malos deseos que lo arrastran y seducen.

—SANTIAGO 1.13, 14

El que disimula su pecado no prosperará; pero el que lo confiesa y lo deja, obtendrá misericordia.

—PROVERBIOS 28.13

Pero si confesamos a Dios nuestros pecados, él, que es fiel y justo, nos perdonará y nos limpiará de toda maldad.

—1 JUAN 1.9

Tengan cuidado y estén siempre alertas, pues su enemigo, el diablo, anda como león rugiente buscando a quién devorar. Resistan sus ataques manteniéndose firmes en la fe. Recuerden que los hermanos de ustedes en todo el mundo están soportando la misma clase de sufrimientos.

—1 PEDRO 5.8, 9

Por último, recuerden que su fortaleza debe venir del gran poder del Señor. Vístanse de toda la armadura que Dios les ha dado, para que puedan hacer frente a los engaños astutos del diablo.

Sobre todo, tomen el escudo de la fe para apagar los dardos de fuego que arroja el maligno.

—EFESIOS 6.10, 11, 16

Por eso, obedezcan a Dios. Pónganle resistencia al diablo y él huirá de ustedes.

—SANTIAGO 4.7

Hijitos, ustedes son de Dios y han ganado ya la primera batalla contra los enemigos de Cristo, porque hay alguien en el corazón de ustedes que es más fuerte que cualquier falso maestro de este perverso mundo.

—1 JUAN 4.4

Hermanos míos, que les dé gran alegría cuando pasen por diferentes pruebas, pues ya saben que cuando su fe sea puesta a prueba, producirá en ustedes firmeza.

Dichoso el que permanece firme durante la prueba, porque cuando la supera, recibe la corona de la vida que Dios ha prometido a los que lo aman.

—SANTIAGO 1.2, 3, 12

Y ahora, que la gloria, la majestad, el imperio y la potencia sean eternamente del único Dios, Salvador nuestro por medio de Jesucristo, quien tiene poder para conservarlos sin caída y, con gran alegría, presentarlos sin tacha ante su gloriosa presencia. Amén.

—JUDAS 24, 25

Esto es lo que a ustedes los llena de alegría, a pesar de tener que sufrir diversas pruebas por algún tiempo.

La fe de ustedes es como el oro que tiene que probarse por medio del fuego. Así también su fe, que vale mucho más que el oro, tiene que probarse por medio de los problemas y, si es aprobada, recibirá gloria y honor cuando Jesucristo aparezca.

—1 PEDRO 1.6, 7

Qué hacer cuando te sientes
ENOJADO

Mis queridos hermanos, pongan atención: Todos ustedes deben estar listos para escuchar, pero deben ser lentos para hablar y para enojarse. Porque el enojo no deja a la gente vivir con justicia como Dios quiere.

—SANTIAGO 1.19, 20

Si se enojan, no cometan el pecado de dejar que el enojo les dure todo el día.

—EFESIOS 4.26

La respuesta amable calma el enojo, pero la respuesta grosera lo hace encenderse más.

—PROVERBIOS 15.1

Su Padre celestial los perdonará si perdonan a los que les hacen mal.

—MATEO 6.14

El que controla su enojo es muy inteligente; el que se enoja fácilmente es un necio.

—PROVERBIOS 14.29

¡Deja el enojo! Aparta la ira, no envidies a otros; con ello sólo te perjudicas.

—SALMO 37.8

Es mejor ser paciente que poderoso; mejor es dominarse a sí mismo que conquistar una ciudad.

—PROVERBIOS 16.32

No te dejes llevar por la ira, porque eso es necedad.

—ECLESIASTÉS 7.9

Queridos hermanos, nunca tomen venganza sino déjensela a Dios, porque así está escrito:

«A mí me corresponde vengarme. Yo le daré su pago a cada quien, dice el Señor».

—ROMANOS 12.19

Si tu enemigo tiene hambre, dale de comer. Si tiene sed, dale de beber.

Así harás que se avergüence de lo que ha hecho, y el SEÑOR te recompensará.

—PROVERBIOS 25.21, 22

Sabemos que el Señor dijo: «Yo soy el que se vengará; yo pagaré». Y también dijo: «El Señor juzgará a su pueblo».

—HEBREOS 10.30

Arrojen de ustedes la amargura, el enojo, la ira, los gritos, las calumnias y todo tipo de maldad. Al contrario, sean bondadosos entre ustedes, sean compasivos y perdónense las faltas los unos a los otros, de la misma manera que Dios los perdonó a ustedes por medio de Cristo.

—EFESIOS 4.31, 32

Pues yo añado que el que se enoja contra su hermano está cometiendo el mismo delito. El que le dice «idiota» a su hermano, merece que lo lleven al juzgado. Y el que maldiga a una persona, merece ir a parar a las llamas del infierno. Por lo tanto, si mientras estás presentando tu ofrenda delante del altar, te acuerdas de pronto de que alguien tiene algo contra ti, deja allí mismo tu ofrenda. Vete primero a reconciliarte con tu hermano y luego regresa a presentar tu ofrenda.

—MATEO 5.22-24

El sabio teme al SEÑOR y se aparta del mal, pero al necio no le importa y es muy confiado.

El que fácilmente se enoja hace locuras, y el perverso es odiado.

—PROVERBIOS 14.16, 17

Pero ha llegado el momento de arrojar de ustedes la ira, el enojo, la malicia, los insultos y las malas palabras.

—COLOSENSES 3.8

Qué hacer cuando te sientes
REBELDE

∽⊙⤜⸺⸺⸺⸺⸺⸺⸺⸺⸺⸺⸺⤛⊙∽

Obedezcan a sus líderes y sométanse a ellos, porque los cuidan a ustedes como quienes tienen que rendir cuentas. Obedézcanlos para que ellos cumplan su trabajo con alegría y sin quejarse, pues el quejarse no les trae ningún provecho.

—HEBREOS 13.17

El sabio teme al SEÑOR y se aparta del mal, pero al necio no le importa y es muy confiado.

El que fácilmente se enoja hace locuras, y el perverso es odiado.

—PROVERBIOS 14.16, 17

Samuel respondió:

—¿Se complace el SEÑOR tanto en los holocaustos y sacrificios como en que se obedezcan sus palabras? La obediencia es mucho mejor que los sacrificios. Él prefiere que le obedezcas a que le ofrezcas la gordura de los carneros. Porque la rebelión es tan mala como el pecado de hechicería, y la soberbia es tan mala como la idolatría. Y ahora, por cuanto has rechazado la palabra del SEÑOR, él te ha rechazado como rey.

—1 SAMUEL 5.22, 23

Por eso, estén listos para actuar con inteligencia y tengan dominio propio. Pongan su esperanza completamente en lo que se les dará cuando Jesucristo regrese. Sean hijos obedientes, no hagan todas las cosas malas que hacían antes, cuando vivían sin conocer a Dios.

—1 Pedro 1.13, 14

Si me dejan ayudarlos, que me puedan obedecer, yo los enriqueceré. Pero si continúan volviéndome las espaldas y negándose a escucharme, morirán a manos de sus enemigos. Yo, el Señor, se los aseguro.

—Isaías 1.19, 20

Por causa del Señor, obedezcan a toda autoridad humana, ya sea al rey porque es el que tiene más autoridad, o a los gobernadores que él ha puesto para castigar a los que hacen lo malo y para honrar a los que hacen lo bueno. Lo que Dios quiere es que ustedes hagan el bien, para que los ignorantes y tontos no tengan nada que decir en contra de ustedes.

—1 Pedro 2.13-15

La actitud de ustedes debe ser como la de Cristo Jesús: aunque él era igual a Dios, no consideró esa igualdad como algo a qué aferrarse. Al contrario, por su propia voluntad se rebajó, tomó la naturaleza de esclavo y de esa manera se hizo semejante a los seres humanos. Al hacerse hombre, se humilló a sí mismo y se hizo obediente hasta la muerte, ¡y muerte en la cruz!

—Filipenses 2.5-8

¡Aun Jesús, siendo Hijo de Dios, tuvo que aprender por medio del sufrimiento lo que es la obediencia!

—HEBREOS 5.8

También a los jóvenes les digo: obedezcan a los ancianos. Trátense unos a otros con humildad, porque «Dios está en contra de los orgullosos, pero a favor de los humildes».

Humíllense bajo el poder de Dios, para que él los enaltezca cuando llegue el momento oportuno.

—1 PEDRO 5.5, 6

Sométanse unos a otros por respeto a Cristo.

—EFESIOS 5.21

Al hombre justo no le vendrá ningún mal, pero el malvado se llenará de males.

—PROVERBIOS 12.21

No dejen que el pecado domine su cuerpo mortal; no lo obedezcan siguiendo sus malos deseos. No entreguen ninguna parte de su cuerpo al pecado para que se convierta en instrumento del mal. Más bien, entréguense por completo a Dios, como quienes ya han muerto y han vuelto a vivir. Y preséntenle sus miembros como instrumentos para la justicia.

—ROMANOS 6.12, 13

Por eso les digo e insisto de parte del Señor que no vivan ya como los paganos: ciegos y confundidos.

Ellos tienen nublada la mente y desconocen la vida que viene de Dios. Esto se debe a que son ignorantes y han endurecido su corazón.

—EFESIOS 4.17, 18

Aunque ustedes antes vivían en tinieblas, ahora viven en la luz. Esa luz debe notarse en su conducta como hijos de Dios.

—EFESIOS 5.8

Por eso, obedezcan a Dios. Pónganle resistencia al diablo y él huirá de ustedes.

—SANTIAGO 4.7

Qué hacer cuando estás. . .

Qué hacer cuando estás
EXPERIMENTANDO TEMOR

El Espíritu que es don de Dios, no quiere que temamos a la gente, sino que tengamos fortaleza, amor y dominio propio.

—2 TIMOTEO 1.7

Ustedes no recibieron un espíritu que los haga esclavos del miedo; recibieron el Espíritu que los adopta como hijos de Dios y les permite clamar: «Padre, Padre».

—ROMANOS 8.15

No hay por qué temer a quien tan perfectamente nos ama. Su perfecto amor elimina cualquier temor. Si alguien siente miedo es miedo al castigo lo que siente, y con ello demuestra que no está absolutamente convencido de su amor hacia nosotros.

—1 JUAN 4.18

Serás regida por un gobierno justo y honrado. Tus enemigos se mantendrán a distancia, vivirás en paz, el terror no se acercará.

—ISAÍAS 54.14

Él te cubrirá con sus plumas y bajo sus alas encontrarás refugio. ¡Sus fieles promesas son tu armadura y protección! No tienes que temer al terror de la noche, ni asustarte por los peligros del día, ni atemorizarte por las plagas que se ocultan en las tinieblas ni por los desastres del mediodía.

Podrán caer mil al lado tuyo, y al otro lado diez mil casi muertos, pero el mal a ti no te tocará.

—Salmo 91.4-7

Ningún mal te dominará; ninguna calamidad llegará a tu hogar.

Porque él ordena a sus ángeles que te protejan por dondequiera que vayas. Te sostendrán con sus manos y evitarán que tropieces con las piedras del camino.

—Salmo 91.10, 11

No temerás al desastre que venga de repente, ni a la desgracia que caiga sobre los malvados, porque el Señor estará siempre contigo y evitará que caigas en la trampa.

—Proverbios 3.25, 26

Confío en Dios ¿por qué temeré? ¿Qué podría hacerme un simple mortal?

—Salmo 56.11

El que vive al abrigo del Altísimo, descansará bajo la sombra del Todopoderoso.

—Salmo 91.1

Aun cuando atraviese el negro valle de la muerte, no tendré miedo, pues tú irás siempre muy junto a mí. Tu vara de pastor y tu cayado me protegen y me dan seguridad.

Preparas un banquete para mí, en presencia de
mis enemigos. Me recibes como invitado tuyo,
ungiendo con perfume mi cabeza. ¡Mi copa rebosa de
bendiciones!

—SALMO 23.4, 5

A quienes Dios conoció de antemano, los destinó
desde un principio para que sean como su Hijo, para
que él sea el mayor entre muchos hermanos.

¿Qué más se puede decir? Si Dios está de parte
nuestra, ¿quién podrá estar contra nosotros?

¿Quién podrá apartarnos del amor de Cristo? ¿El
sufrimiento, la angustia, la persecución, el hambre, la
pobreza, el peligro, las amenazas de muerte?

Las Escrituras dicen:

«Por tu causa nos amenazan de muerte todo el
tiempo, nos tratan como a ovejas de matadero».

A pesar de todo, nuestra victoria es absoluta, gracias
a Cristo que nos amó.

Estoy convencido de que nada podrá apartarnos de
su amor; ni la muerte, ni la vida, ni los ángeles, ni los
demonios, ni lo presente, ni lo que está por venir, ni los
poderes, ni lo alto, ni lo profundo, ni cosa alguna de
toda la creación. ¡Nada podrá separarnos del amor que
Dios nos ha demostrado en Cristo Jesús, nuestro Señor!

—ROMANOS 8.29, 31, 35-39

Anímense y sean fuertes todos ustedes que confían
en el SEÑOR.

—SALMO 31.24

Les dejo la paz, les doy mi paz; pero no se la doy a ustedes como la da el mundo. No se angustien ni tengan miedo.

—Juan 14.27

El Señor es mi luz y mi salvación; ¿a quién temeré? El Señor me protege del peligro, ¿quién podrá amedrentarme? Cuando los malvados se lancen a destruirme, tropezarán y caerán. Sí, aunque un poderoso ejército marche contra mí, mi corazón no abrigará temor. Aunque ellos me ataquen, confío en Dios.

—Salmo 27.1,3

Así que podemos decir con toda confianza:
«El Señor es el que me ayuda; no tengo miedo. ¿Qué puede hacerme otro igual a mí?»

—Hebreos 13.6

Qué hacer cuando estás
Mentalmente afectado

El Espíritu que es don de Dios, no quiere que temamos a la gente, sino que tengamos fortaleza, amor y dominio propio.

—2 Timoteo 1.7

No temas, pues yo estoy contigo, no te desanimes. Yo soy tu Dios, yo te fortaleceré, yo te ayudaré, yo te sostendré con mi triunfante mano diestra.

—Isaías 41.10

A Dios no le agradan los desórdenes; le gusta la armonía.

—1 Corintios 14.33a

Porque donde hay envidias y rivalidades, también hay confusión y todo tipo de maldad. En cambio, la sabiduría que viene del cielo produce en primer lugar una vida pura. También produce paz, bondad, mansedumbre, imparcialidad, sinceridad y está llena de compasión y buenas acciones.

—Santiago 3.16-18

Como dice la Escritura: «Yo pongo en Sión una piedra que es la principal, escogida y preciosa, y el que confíe en ella jamás será defraudado».

—1 Pedro 2.6

Ya que el Señor Dios me ayuda, no me desanimaré. Esa es la razón por la que me mantengo firme como roca, y sé que venceré.

—Isaías 50.7

Lleva tus cargas al Señor, él te sostendrá. No permitirá que el santo resbale o caiga.

—Salmo 55.22

No se angustien por nada; más bien, oren; pídanle a Dios en toda ocasión y denle gracias. Y la paz de Dios, esa paz que nadie puede comprender, cuidará sus corazones y pensamientos en Cristo.

—Filipenses 4.6, 7

Los que aman tus leyes tienen profunda paz y no tropiezan.

—Salmo 119.165

Un instante dura su ira; su gracia perdura de por vida. Las lágrimas pueden huir la noche entera, pero al amanecer habrá gozo.

—Salmo 30.5

Cuando pases por aguas profundas de gran tribulación, yo estaré contigo. Cuando pases por ríos no te ahogarás. Cuando pases por fuego no te quemarás, las llamas no te consumirán.

—Isaías 43.2

Él sana a los quebrantados de corazón y les venda las heridas.

—Salmo 147.3

¡Bendito sea el Dios y Padre de nuestro Señor
Jesucristo, Padre misericordioso y Dios de toda
consolación! Él nos consuela en todas nuestras
tribulaciones, para que podamos consolar a todos
los que sufren, con el mismo consuelo que él nos
prodigó.

—2 CORINTIOS 1.3, 4

Por último, hermanos, piensen en todo lo que es
verdadero, todo lo que es respetable, todo lo justo,
todo lo puro, todo lo amable, todo lo que es digno de
admiración; piensen en todo lo que se reconoce como
virtud o que merezca elogio.

—FILIPENSES 4.8

Estoy convencido de que nada podrá apartarnos de
su amor; ni la muerte, ni la vida, ni los ángeles, ni los
demonios, ni lo presente, ni lo que está por venir, ni
los poderes, ni lo alto, ni lo profundo, ni cosa alguna
de toda la creación. ¡Nada podrá separarnos del amor
que Dios nos ha demostrado en Cristo Jesús, nuestro
Señor!

—ROMANOS 8.38, 39

Qué hacer cuando estás
EN NECESIDAD
DE RECIBIR ÁNIMO

Espera al Señor; él acudirá. Sé valiente, resuelto y animoso. Sí; espera, y él te ayudará.

—Salmo 27.14

Un instante dura su ira; su gracia perdura de por vida. Las lágrimas pueden huir la noche entera, pero al amanecer habrá gozo.

—Salmo 30.5

Cuando pases por aguas profundas de gran tribulación, yo estaré contigo. Cuando pases por ríos no te ahogarás. Cuando pases por fuego no te quemarás, las llamas no te consumirán.

—Isaías 43.2

Queridos hermanos, no se sorprendan del fuego de la prueba por el que están pasando, como si fuera algo extraño. Al contrario, alégrense de tener parte en los sufrimientos de Cristo, para que también se alegren muchísimo cuando se muestre la gloria de Cristo.

—1 Pedro 4.12, 13

Estoy convencido de que nada podrá apartarnos de su amor; ni la muerte, ni la vida, ni los ángeles, ni los demonios, ni lo presente, ni lo que está por venir, ni los poderes, ni lo alto, ni lo profundo, ni cosa alguna de toda la creación. ¡Nada podrá separarnos del amor que Dios nos ha demostrado en Cristo Jesús, nuestro Señor!

—ROMANOS 8.38, 39

No temas, pues yo estoy contigo, no te desanimes. Yo soy tu Dios, yo te fortaleceré, yo te ayudaré, yo te sostendré con mi triunfante mano diestra.

—ISAÍAS 41.10

El Dios eterno es tu refugio, y abajo están los brazos eternos.

Arroja a tus enemigos delante de ti y grita: «¡Destrúyelos!»

—DEUTERONOMIO 33.27

No moriré sino viviré para narrar todos sus hechos.

—SALMO 118.17

Todo lo puedo en Cristo que me da fortaleza.

—FILIPENSES 4.13

Anímense y sean fuertes todos ustedes que confían en el SEÑOR.

—SALMO 31.24

Pero los que esperan en el SEÑOR renovarán sus fuerzas: emprenderán vuelo como si tuvieran alas de águilas, correrán y no se cansarán, caminarán y no desfallecerán.

—ISAÍAS 40.31

No se angustien por nada; más bien, oren; pídanle a
Dios en toda ocasión y denle gracias.

—FILIPENSES 4.6

Por último, hermanos, piensen en todo lo que es
verdadero, todo lo que es respetable, todo lo justo,
todo lo puro, todo lo amable, todo lo que es digno de
admiración; piensen en todo lo que se reconoce como
virtud o que merezca elogio.

—FILIPENSES 4.8

Llegará el día cuando todos los redimidos de Dios
regresarán a su patria. Volverán a Jerusalén con
cánticos y llenos de gozo y de alegría sin fin; y el dolor
y el luto habrán acabado para siempre.

—ISAÍAS 51.11

Qué hacer cuando estás
EN NECESIDAD DE PACIENCIA

En cambio, este es el fruto que el Espíritu produce en nosotros: amor, gozo, paz, paciencia, benignidad, bondad, fidelidad.

—GÁLATAS 5.22

Pero los que esperan en el SEÑOR renovarán sus fuerzas: emprenderán vuelo como si tuvieran alas de águilas, correrán y no se cansarán, caminarán y no desfallecerán.

—ISAÍAS 40.31

Espera al SEÑOR; él acudirá. Sé valiente, resuelto y animoso. Sí; espera, y él te ayudará.

—SALMO 27.14

Es bueno esperar en confiado silencio la salvación del SEÑOR.

—LAMENTACIONES 3.26

Pero mantenernos esperando de Dios lo que todavía no se ha manifestado nos enseña a tener paciencia.

—ROMANOS 8.25

No se vuelvan perezosos, sino sigan el ejemplo de los que por fe y con paciencia heredan las promesas de Dios.

—HEBREOS 6.12

Por eso, no pierdan la confianza, porque ésta les traerá una gran recompensa. Ustedes necesitan seguir confiando para que, después de haber cumplido la voluntad de Dios, reciban lo que él ha prometido. Pues en poco tiempo, «el que tiene que venir vendrá, y no tardará».

—HEBREOS 10.35-37

Por eso, también nosotros, que estamos rodeados de tantos testigos, dejemos a un lado lo que nos estorba, en especial el pecado que nos molesta, y corramos con paciencia la carrera que tenemos por delante.

—HEBREOS 12.1

Mejor es terminar que comenzar. La paciencia es mejor que el orgullo. No te dejes llevar por la ira, porque eso es necedad.

—ECLESIASTÉS 7.8, 9

De hecho, todo lo que fue escrito hace tiempo se escribió para enseñarnos, a fin de que, con el consuelo y la constancia que las Escrituras nos dan, mantengamos la esperanza.

¡Que Dios, que da aliento y perseverancia, les ayude a vivir juntos en armonía, tal como Cristo nos dio el ejemplo!

—ROMANOS 15.4, 5

Y también nos gozamos de las aflicciones, porque nos enseñan a tener paciencia; y la paciencia nos ayuda a superar las pruebas, y así nuestra esperanza se fortalece. Y esa esperanza nunca nos defrauda, pues

Dios llenó nuestros corazones de su amor por medio
del Espíritu Santo que él mismo nos dio.

—ROMANOS 5.3-5

¡Deja el enojo! Aparta la ira, no envidies a otros;
con ello sólo te perjudicas. Porque los malvados serán
destruidos, pero los que confían en el SEÑOR heredarán
la tierra y vivirán tranquilamente.

—SALMO 37.8, 9

Con paciencia esperé que Dios me ayudara; entonces
él oyó y escuchó mi clamor.

—SALMO 40.1

Pues ya saben que cuando su fe sea puesta a prueba,
producirá en ustedes firmeza. Y cuando se desarrolle
completamente la firmeza, serán perfectos y maduros,
sin que les falte nada.

—SANTIAGO 1.3, 4

Por eso, hermanos, tengan paciencia hasta que el
Señor venga. Sean como el agricultor que espera a que
la tierra dé su precioso fruto y aguarda con paciencia
las temporadas de lluvia. Así también ustedes,
manténganse firmes y esperen con paciencia la venida
del Señor, que ya está cerca.

—SANTIAGO 5.7, 8

Qué hacer cuando estás
EN NECESIDAD DE PAZ

Él cuidará en perfecta paz a todos los que confían en él y cuyos pensamientos buscan a menudo al SEÑOR.

—ISAÍAS 26.3

Les dejo la paz, les doy mi paz; pero no se la doy a ustedes como la da el mundo. No se angustien ni tengan miedo.

—JUAN 14.27

No se angustien por nada; más bien, oren; pídanle a Dios en toda ocasión y denle gracias. Y la paz de Dios, esa paz que nadie puede comprender, cuidará sus corazones y pensamientos en Cristo.

—FILIPENSES 4.6, 7

Así que, ahora que Dios nos ha declarado justos por haber creído, disfrutamos de la paz con Dios gracias a lo que Jesucristo nuestro Señor hizo por nosotros.

—ROMANOS 5.1

SEÑOR, concédenos paz, pues todo lo que tenemos y somos de ti procede.

—ISAÍAS 26.12

En gozo y paz vivirán. Montes y collados, árboles del campo, todo el mundo que los rodea, se regocijará.

—ISAÍAS 55.12

Porque los justos que mueren descansarán en paz.

—Isaías 57.2

¡Observa al bueno, al inocente, al recto, porque les espera un gran porvenir a aquellos que aman la paz! ¡Para él hay un fin venturoso!

—Salmo 37.37

Los que ocupan su mente en las cosas del Espíritu tienen vida y paz; pero el ocuparse de las cosas de la naturaleza pecaminosa produce muerte.

—Romanos 8.6

Hermanos míos, mi deseo es que el Dios que les concedió esperanza los inunde siempre de felicidad y paz al creer en él. Y le pido a Dios que los haga rebosar de esperanza por el poder del Espíritu Santo.

—Romanos 15.13

Los que aman tus leyes tienen profunda paz y no tropiezan.

—Salmo 119.165

Concluyo con estas palabras: Estén contentos, busquen su restauración, consuélense, vivan en paz y armonía, y el Dios de amor y paz estará con ustedes.

— 2 Corintios 13.11

Después de todo, en el reino de Dios lo más importante no es comer ni beber, sino practicar la justicia y la paz y tener el gozo del Espíritu Santo. El que de esta manera sirve a Cristo, le causa alegría a Dios y es respetado por la gente.

Por tanto, hagamos todo lo que sea posible para contribuir a la armonía en la iglesia y a la edificación mutua.

—ROMANOS 14.17-19

Los que se humillan delante del SEÑOR heredarán la tierra y vivirán tranquilamente.

—SALMO 37.11

Qué hacer cuando estás
TIBIO ESPIRITUALMENTE

¡Despiértate! Cuida lo poco que te queda, porque aun eso está al borde de la muerte. Me he dado cuenta de que tus actos no son perfectos delante de mi Dios.

Estoy al tanto de la obra que realizas. No eres frío ni caliente. ¡Ojalá fueras frío o caliente! ¡Pero como eres tibio, te vomitaré de mi boca!

—APOCALIPSIS 3.2, 15, 16

Sin embargo, hay algo malo en ti: ¡Ya no me amas como al principio!

—APOCALIPSIS 2.4

El Señor dice: «Efraín y Judá, ¿qué haré con ustedes? Pues su amor hacia mí es tan inconstante, se desvanece tan pronto, como lo hacen las nubes de la mañana y como desaparece como el rocío».

—OSEAS 6.4

Pero ¡cuidado! No olviden jamás lo que Dios hace por ustedes. Cuenten a sus hijos y a sus nietos los gloriosos milagros que él ha hecho.

—DEUTERONOMIO 4.9

¡No olvides al SEÑOR tu Dios, y no dejes de obedecer todos sus mandamientos! Siempre existe el peligro de que cuando te hayas saciado y hayas prosperado, y hayas edificado casas hermosas, y cuando tu ganado y rebaños se hayan engrandecido y tu oro y tu plata se hayan multiplicado, caigas en el orgullo y te olvides del SEÑOR tu Dios que te sacó de la esclavitud en la tierra de Egipto. Por eso, ten mucho cuidado, ¡no te olvides del SEÑOR tu Dios.

—DEUTERONOMIO 8.11-14

Si hubiéramos dejado de adorar a nuestro Dios o hubiéramos alzado nuestras manos en oración a dioses extraños, ¿no lo sabría Dios? Sí, él conoce los secretos de cada corazón.

—SALMO 44.20, 21

Por lo tanto, cuídense, hermanos, y no sean incrédulos ni tengan un corazón perverso que los esté apartando del Dios vivo. Exhórtense todos los días mientras les quede tiempo, para que ninguno se endurezca contra Dios, cegado por el engaño del pecado.

—HEBREOS 3.12, 13

Quisiera decirles mucho más sobre este asunto, pero sé que, como no quieren entender, me va a ser difícil explicarlo. Después de tanto tiempo, ya debían poder enseñar a otros; sin embargo, hay necesidad de enseñarles de nuevo hasta los más sencillos principios de la Palabra de Dios. Se han debilitado tanto que, como niños, tienen que tomar sólo leche en vez de alimentos sólidos.

—HEBREOS 5.11, 12

Asegúrense de que a nadie le falte el amor de Dios; de que ninguna raíz amarga brote y cause problemas y envenene a muchos.

—HEBREOS 12.15

Y si una persona que había escapado de la contaminación del mundo, por haber conocido a nuestro Señor y Salvador Jesucristo, vuelve a caer en ella, queda peor que antes. Mejor le hubiera sido no haber conocido el camino recto que, después de haberlo conocido, hacer a un lado el santo mandamiento que le fue dado.

—2 PEDRO 2.20, 21

El SEÑOR les dio el mejor consejo: Pregunten dónde está el buen camino, las instrucciones justas en las que antes se orientaban, y vuelvan a vivir conforme a ellas. ¡Ya verán lo bien que se sentirán por ello! Pero responden: «¡No, estamos bien así!»

—JEREMÍAS 6.16

Pero si confesamos a Dios nuestros pecados, él, que es fiel y justo, nos perdonará y nos limpiará de toda maldad.

—1 JUAN 1.9

Aunque desde hace mucho tiempo ustedes han despreciado mis instrucciones, aún tienen la oportunidad de dirigirse a mí. ¡Diríjanse a mí y yo los perdonaré! Lo digo yo, el SEÑOR Todopoderoso.

—MALAQUÍAS 3.7A

Qué hacer cuando estás
PASANDO POR EL DOLOR

Hermanos, no queremos que ignoren lo que pasa con los que mueren, para que no se pongan tristes como esos otros que no tienen esperanza.

Si creemos que Jesús murió y después resucitó, entonces también debemos creer que Dios resucitará con Jesús a los que murieron creyendo en él.

—1 TESALONICENSES 4.13, 14

¡Porque el SEÑOR ha consolado a su pueblo y tendrá compasión de su dolor!

—ISAÍAS 49.13B

Cuando pases por aguas profundas de gran tribulación, yo estaré contigo. Cuando pases por ríos no te ahogarás. Cuando pases por fuego no te quemarás, las llamas no te consumirán.

—ISAÍAS 43.2

Que el Señor Jesucristo mismo y Dios nuestro Padre, quien nos amó y nos dio un consuelo eterno y una esperanza que no merecemos, los consuele y ayude a hacer y decir siempre lo que es bueno.

—2 TESALONICENSES 2.16, 17

No temas, pues yo estoy contigo, no te desanimes. Yo soy tu Dios, yo te fortaleceré, yo te ayudaré, yo te sostendré con mi triunfante mano diestra.

—ISAÍAS 41.10

¡Bendito sea el Dios y Padre de nuestro Señor Jesucristo, Padre misericordioso y Dios de toda consolación! Él nos consuela en todas nuestras tribulaciones, para que podamos consolar a todos los que sufren, con el mismo consuelo que él nos prodigó.

—2 Corintios 1.3, 4

El Espíritu del Señor Todopoderoso está sobre mí, porque me eligió para traer buenas noticias a los pobres, para consolar a los afligidos y para anunciarles a los prisioneros que pronto van a quedar en libertad. El Señor me ha enviado a decir a los que lloran que ha llegado para ellos la hora de la compasión de Dios, y el día de su ira contra los enemigos de ellos. A todos los que guardan luto en Israel les dará: belleza en vez de cenizas, júbilo en vez de llanto, y alabanza en vez de abatimiento. Porque para gloria de Dios, él mismo los ha plantado como vigorosos y esbeltos robles.

—Isaías 61.1-3

Nuestro sumo sacerdote entiende nuestras debilidades, porque él mismo experimentó nuestras tentaciones, si bien es cierto que nunca cometió pecado. Acerquémonos, pues, confiadamente al trono del Dios de amor, para encontrar allí misericordia y gracia en el momento en que las necesitemos.

—Hebreos 4.15, 16

Él les enjugará las lágrimas y no habrá muerte ni llanto ni clamor ni dolor, porque éstos pertenecen a un pasado que no existe más.

—Apocalipsis 21.4

Dejen en las manos de Dios todas sus preocupaciones, porque él cuida de ustedes.

—1 PEDRO 5.7

Aun cuando atraviese el negro valle de la muerte, no tendré miedo, pues tú irás siempre muy junto a mí. Tu vara de pastor y tu cayado me protegen y me dan seguridad.

—SALMO 23.4

Tus promesas me dan vida; me consuelan en medio de mi angustia.

—SALMO 119.50

¡Dichosos los que lloran, porque serán consolados!

—MATEO 5.4

«¿Dónde está, oh muerte, tu aguijón? ¿Dónde está, oh sepulcro, tu victoria?» En efecto, el pecado, que es el aguijón de la muerte, ya no existirá; y la ley, que le da poder al pecado, dejará de juzgarnos. ¡Gracias a Dios que nos da la victoria por medio de Jesucristo, nuestro Señor!

—1 CORINTIOS 15.55-57

Llegará el día cuando todos los redimidos de Dios regresarán a su patria. Volverán a Jerusalén con cánticos y llenos de gozo y de alegría sin fin; y el dolor y el luto habrán acabado para siempre.

—ISAÍAS 51.11

Así que tenemos confianza. ¡Preferimos morir e irnos a morar junto con el Señor!

—2 CORINTIOS 5.8

Qué hacer cuando estás
DUDANDO ACERCA DE DIOS

Jesús respondió:

—Tengan fe en Dios. Les aseguro que si alguien le dice a este monte que se mueva y se arroje al mar, y no duda que va a suceder, el monte lo obedecerá. Por eso les digo que todo lo que pidan en oración, crean que lo recibirán, y así será.

—MARCOS 11.22-24

Y no se preocupen por qué van a comer o a beber; no se angustien. La gente que no conoce a Dios se preocupa por estas cosas, pero el Padre sabe que ustedes las necesitan. Ustedes busquen, antes que nada, el reino de Dios, y recibirán también estas cosas.

—LUCAS 12.29-31

Abraham no fue incrédulo a la promesa de Dios ni dudó jamás. Al contrario, fortaleció su fe y así le dio gloria a Dios y le dio las gracias por aquella bendición antes que se produjera. ¡Estaba completamente seguro de que Dios cumple sus promesas!

—ROMANOS 4.20, 21

Todo cuanto yo digo se cumple, pues yo hago cuanto quiero.

Él acudirá y hará mi voluntad.

—ISAÍAS 46.10B, 11B

El que los llama es fiel, y por eso hará todo lo que ha dicho.

—1 TESALONICENSES 5.24

El Señor no demora el cumplimiento de su promesa, como algunos suponen. Más bien lo que quiere es que nadie se pierda, por lo que está alargando el plazo para que todos se arrepientan.

—2 PEDRO 3.9

Así que la fe nace cuando se presta atención a las buenas noticias acerca de Cristo.

—ROMANOS 10.17

¡Escuchen ahora! No es que el SEÑOR se haya debilitado tanto que no pueda salvarlos, ni se ha vuelto sordo que no pueda escucharlos cuando claman.

—ISAÍAS 59.1

Queridos hermanos, no se sorprendan del fuego de la prueba por el que están pasando, como si fuera algo extraño. Al contrario, alégrense de tener parte en los sufrimientos de Cristo, para que también se alegren muchísimo cuando se muestre la gloria de Cristo.

—1 PEDRO 4.12, 13

¡Qué grandioso es él! ¡Cuán perfecto en todo! Todas sus promesas se cumplen. Es escudo para todo aquel que tras él se refugia.

—SALMO 18.30

Así como la lluvia y la nieve descienden del cielo y permanecen en la tierra para regarla, haciendo que la tierra dé grano y produzca semilla para el sembrador y pan para el hambriento, así es mi palabra. Yo la envío y siempre produce fruto. Realiza cuanto yo quiero y prospera en dondequiera la envíe.

—ISAÍAS 55.10, 11

QUÉ HACER CUANDO. . .

Qué hacer cuando
Necesitas confianza

Todo lo puedo en Cristo que me da fortaleza.
—Filipenses 4.13

Así que podemos decir con toda confianza:
«El Señor es el que me ayuda; no tengo miedo. ¿Qué puede hacerme otro igual a mí?»
—Hebreos 13.6

Por eso, no pierdan la confianza, porque ésta les traerá una gran recompensa. Ustedes necesitan seguir confiando para que, después de haber cumplido la voluntad de Dios, reciban lo que él ha prometido.
—Hebreos 10.35, 36

El que comenzó tan buena obra en ustedes la irá perfeccionando hasta el día en que Jesucristo regrese. De esto estoy seguro.
—Filipenses 1.6

¡El Señor Dios es quien me hace estar fuerte! Me dará la velocidad de un venado y me conducirá con seguridad sobre la altura de las montañas.
—Habacuc 3.19

A pesar de todo, nuestra victoria es absoluta, gracias a Cristo que nos amó.
—Romanos 8.37

Y estamos seguros de que él nos escuchará cuando le pidamos algo que esté de acuerdo con su voluntad. Y si sabemos que él nos oye cuando le hablamos y cuando le presentamos nuestras peticiones, podemos estar seguros de que nos contestará.

—1 Juan 5.14, 15

Les aseguro que el que cree en mí hará las mismas obras que yo hago, y hará obras todavía mayores porque yo vuelvo al Padre.

—Juan 14.12

De modo que el ángel me dijo: «Este es el mensaje de Dios para Zorobabel: No vencerás con ejército, ni usando tu fuerza, sino sólo con mi Espíritu, dice el Señor Todopoderoso».

—Zacarías 4.6

Cuando pases por aguas profundas de gran tribulación, yo estaré contigo. Cuando pases por ríos no te ahogarás. Cuando pases por fuego no te quemarás, las llamas no te consumirán.

—Isaías 43.2

Porque el Señor estará siempre contigo y evitará que caigas en la trampa.

—Proverbios 3.26

¡Cuánto me alegra esto! ¡Sé que puedo tener plena confianza en ustedes!

—2 Corintios 7.16

Ahora podemos acercarnos con libertad y confianza a Dios, cuando lo hacemos por medio de Cristo y confiando en él.

—Efesios 3.12

Pero, amados míos, si nuestro corazón no nos acusa, podemos estar confiados ante Dios.

—1 Juan 3.21

Pero los que esperan en el Señor renovarán sus fuerzas: emprenderán vuelo como si tuvieran alas de águilas, correrán y no se cansarán, caminarán y no desfallecerán.

—Isaías 40.31

Qué hacer cuando

PROBLEMAS GOLPEAN TU VIDA

∽◦◦◦◦◦◦◦◦◦◦◦◦◦◦◦◦◦◦◦◦◦◦◦◦◦◦◦◦◦◦◦∾

Pero el SEÑOR es bueno. Cuando llegan la angustia y la desesperación él es el mejor refugio. Protege a todos los que en él ponen su confianza; él conoce bien a los que le son fieles.

—NAHÚM 1.7

Estamos acosados por problemas, pero no estamos vencidos. Enfrentamos grandes dificultades, pero no nos desesperamos. Nos persiguen, pero Dios no nos abandona nunca. Nos derriban, pero no nos pueden destruir.

—2 CORINTIOS 4.8, 9

Aunque me rodeen tribulaciones, tú me librarás de la ira de mis enemigos. Contra el enojo de mis enemigos extenderás tu mano. Tu poder me salvará.

—SALMO 138.7

No se angustien. Confíen en Dios, y confíen también en mí.

—JUAN 14.1

Cuando pases por aguas profundas de gran tribulación, yo estaré contigo. Cuando pases por ríos no te ahogarás. Cuando pases por fuego no te quemarás, las llamas no te consumirán.

—ISAÍAS 43.2

Además, sabemos que si amamos a Dios, él hace que todo lo que nos suceda sea para nuestro bien. Él nos ha llamado de acuerdo con su propósito.

—ROMANOS 8.28

Irradio gozo por tu misericordia; porque me has escuchado en mis tribulaciones y has visto las crisis de mi espíritu.

—SALMO 31.7

Hacia las montañas levanto la mirada; ¿de dónde vendrá mi ayuda? Mi ayuda viene del SEÑOR, que hizo los cielos y la tierra.

—SALMO 121.1, 2

Nuestro sumo sacerdote entiende nuestras debilidades, porque él mismo experimentó nuestras tentaciones, si bien es cierto que nunca cometió pecado. Acerquémonos, pues, confiadamente al trono del Dios de amor, para encontrar allí misericordia y gracia en el momento en que las necesitemos.

—HEBREOS 4.15, 16

Dejen en las manos de Dios todas sus preocupaciones, porque él cuida de ustedes.

—1 PEDRO 5.7

No se preocupen por lo que sucederá mañana, pues mañana tendrán tiempo para hacerlo. Ya tienen suficiente con los problemas de hoy.

—MATEO 6.34

¡Bendito sea el Dios y Padre de nuestro Señor Jesucristo, Padre misericordioso y Dios de toda consolación! Él nos consuela en todas nuestras tribulaciones, para que podamos consolar a todos los que sufren, con el mismo consuelo que él nos prodigó.

—2 CORINTIOS 1.3, 4

No se angustien por nada; más bien, oren; pídanle a Dios en toda ocasión y denle gracias. Y la paz de Dios, esa paz que nadie puede comprender, cuidará sus corazones y pensamientos en Cristo.

—FILIPENSES 4.6, 7

Llegará el día cuando todos los redimidos de Dios regresarán a su patria. Volverán a Jerusalén con cánticos y llenos de gozo y de alegría sin fin; y el dolor y el luto habrán acabado para siempre.

—ISAÍAS 51.11

Qué hacer cuando
Tienes una enfermedad física

Querido hermano, ruego a Dios que en todo te vaya bien y que tu cuerpo esté tan saludable como lo está tu alma.

—3 Juan 2

Jesús recorría las ciudades y los pueblos de la región enseñando en las sinagogas, predicando las buenas nuevas del reino y sanando a la gente de sus enfermedades y dolencias.

—Mateo 9.35

Todo el mundo quería tocar a Jesús, porque de él salía poder que los sanaba a todos.

—Lucas 6.19

Jesucristo es el mismo ayer, hoy y por los siglos.

—Hebreos 13.8

Cristo mismo llevó en su cuerpo nuestros pecados a la cruz, para que muramos al pecado y llevemos una vida justa. Cristo fue herido para que ustedes fueran sanados.

—1 Pedro 2.24

Él perdona todos tus pecados y sana todas tus enfermedades.

—Salmo 103.3

¡Pero él fue herido y maltratado por los pecados nuestros! ¡Se le castigó para que nosotros tuviéramos paz, lo azotaron y nosotros fuimos sanados por su sufrimiento!

—ISAÍAS 53.5

¡SEÑOR, sólo tú puedes sanarme, sólo tú puedes salvarme de todos los peligros, por eso toda la gratitud de mi corazón es sólo para ti.

—JEREMÍAS 17.14

Les devolveré a ustedes la salud y sanaré sus heridas.

—JEREMÍAS 30.17A

Les dijo: «Yo soy el SEÑOR su Dios. Si ustedes prestan atención a mi voz, y me obedecen y hacen lo que es bueno, no los dejaré sufrir las enfermedades que envié sobre los egipcios, porque yo soy el SEÑOR que les da la salud».

—ÉXODO 15.26

Hijo mío, toma en cuenta mis consejos, escucha atentamente mis palabras. No pierdas de vista mis palabras, grábalas en lo más profundo de tu corazón. Porque ellas traen vida y salud a quienes las hallan.

—PROVERBIOS 4.20-22

Él habló y fueron sanados, arrebatados de las puertas de la muerte.

—SALMO 107.20

—Señor —le dijo entonces el capitán—, no soy
digno de que vayas a mi casa. Desde aquí mismo
puedes ordenar que se sane mi criado y se sanará.

—MATEO 8.8

Si alguno está enfermo, que llame a los ancianos
de la iglesia para que oren por él y lo unjan con aceite
en el nombre del Señor. La oración que hagan con
fe sanará al enfermo y el Señor lo levantará. Y si ha
pecado, él lo perdonará.

—SANTIAGO 5.14, 15

Y estas señales acompañarán a los que crean: en
mi nombre expulsarán demonios, hablarán nuevas
lenguas, tomarán en sus manos serpientes, cuando
beban algo venenoso, no les hará daño, pondrán las
manos sobre los enfermos y éstos sanarán.

—MARCOS 16.17, 18

Qué hacer cuando
ESTÁS EN

PROBLEMAS FINANCIEROS

Querido hermano, ruego a Dios que en todo te vaya bien y que tu cuerpo esté tan saludable como lo está tu alma.

—3 JUAN 2

Fui joven y estoy viejo, y en todos mis años jamás vi al justo en la miseria; tampoco he visto a los hijos de los justos pasar hambre.

—SALMO 37.25

Hasta los fuertes leoncillos a veces padecen hambre; pero los que reverenciamos al SEÑOR jamás careceremos de bien alguno.

—SALMO 34.10

El SEÑOR es mi pastor, nada me falta.

—SALMO 23.1

Estas son las bendiciones que vendrán sobre ti:
Bendito serás en la ciudad; bendito serás en el campo.
Tendrás muchos niños; abundantes cosechas; grandes rebaños de ovejas y vacas.
Bendiciones de fruta y pan.
Bendiciones cuando entres; bendiciones cuando salgas.

El Señor derrotará a tus enemigos. Ellos vendrán juntos en tu contra, pero delante de ti huirán en siete direcciones. El Señor te bendecirá con grandes cosechas, y te prosperará en todo lo que hagas cuando entres en la tierra que el Señor tu Dios te da.

—Deuteronomio 28.2-8

El Señor te dará abundancia de cosas buenas en la tierra, como lo ha prometido: Muchos hijos, mucho ganado, y cosechas abundantes. Él te abrirá el maravilloso tesoro de las lluvias de los cielos para que tengas ricas cosechas en cada estación. Él te bendecirá en todo lo que hagas; y tú prestarás a muchas naciones, y no tendrás necesidad de pedir prestado de ellas. Si escuchas y obedeces los mandamientos del Señor tu Dios que te estoy dando en este día, él hará que tú seas cabeza y no cola, y que estés siempre encima y nunca debajo.

—Deuteronomio 28.11-13

Den, y les darán a ustedes; es más, les echarán en el regazo una medida llena, apretada, sacudida y repleta. El principio es éste: con la medida con la que midan a los demás los medirán a ustedes.

—Lucas 6.38

Traigan todos los diezmos a la tesorería del templo, para que haya alimento suficiente en mi Templo. Si lo hacen, yo abriré las ventanas de los cielos y haré que venga sobre ustedes una benéfica y oportuna lluvia sobre sus campos para que obtengan abundantes cosechas. ¡Los exhorto a que me prueben en esto! Sus cosechas serán grandes, porque yo las cuidaré de los insectos y de las plagas; sus uvas no caerán antes de madurar. Lo digo yo, el Señor Todopoderoso.

Y todas las naciones los llamarán afortunados, porque la suya será una tierra caracterizada por la alegría y la abundancia. Lo digo yo, el Señor Todopoderoso.

—Malaquías 3.10-12

Los domingos cada uno de ustedes aparte algo de lo que ganó durante la semana, y guárdelo. Así cuando yo llegue no tendrán que empezar la colecta.

—1 Corintios 16.2

Curen enfermos, resuciten muertos, sanen leprosos y echen fuera demonios. De la misma manera que ustedes están recibiendo este poder gratuitamente, tampoco cobren por sus servicios.

—Mateo 10.8

Ahora bien, el agricultor que siembra pocas semillas, obtendrá poca cosecha; pero el que siembra mucho, mucho cosechará. Cada uno tiene que determinar cuánto va a dar. Que no sea con tristeza ni porque lo obliguen, porque Dios ama al que da con alegría.

Poderoso es Dios para darles en abundancia sus bendiciones, de tal manera que, siempre y en todas

las circunstancias, no sólo tengan para satisfacer
las necesidades propias sino también para dar en
abundancia a los demás.

—2 Corintios 9.6-8

Y cualquiera que haya dejado hogar, hermanos,
hermanas, padre, madre, esposa, hijos, tierras, por
seguirme, recibirá cien veces lo que haya dejado, aparte
de recibir la vida eterna.

—Mateo 19.29

Que no se aparte nunca de tu boca este libro de la
ley. Medita en él día y noche y obedécelo al pie de la
letra. Solamente así tendrás éxito.

—Josué 1.8

Porque Dios da sabiduría, conocimientos y gozo a
quien es de su agrado; pero si un pecador se enriquece,
Dios le quita la riqueza y se la entrega a quienes le
agradan. Y también esto es absurdo, ¡es correr tras
el viento!

—Eclesiastés 2.26

El hombre bueno deja herencia a sus nietos; las
riquezas del pecador se quedan para los justo.

—Proverbios 13.22

Porque el Señor tu Dios te está llevando a una buena
tierra, tierra de arroyos, de pozos; de manantiales, de
valles y de montes; tierra de trigo y cebada y viñedos,
de higueras y granados, de olivares, de aceite y de miel;
tierra donde el alimento es abundante y nada falta;

tierra donde el hierro es tan común como las piedras, y el cobre abunda en las montañas. Tendrás de todo hasta saciarte, y bendecirás al SEÑOR tu Dios por la buena tierra que te ha dado.

¡No olvides al Señor tu Dios, y no dejes de obedecer todos sus mandamientos! Siempre existe el peligro de que cuando te hayas saciado y hayas prosperado, y hayas edificado casas hermosas, y cuando tu ganado y rebaños se hayan engrandecido y tu oro y tu plata se hayan multiplicado, caigas en el orgullo y te olvides del SEÑOR tu Dios que te sacó de la esclavitud en la tierra de Egipto. Por eso, ten mucho cuidado, ¡no te olvides del SEÑOR tu Dios!

Recuerda siempre que el SEÑOR tu Dios es el que te da el poder para obtener las riquezas, y él lo hace para cumplir la promesa hecha a tus antepasados.

—DEUTERONOMIO 8.7-14, 18

Por eso, no se anden preocupando por la comida o por la ropa. ¡Los paganos son los que siempre se andan preocupando de esas cosas! Recuerden que su Padre celestial sabe lo que necesitan. Lo más importante es que primero busquen el reino de Dios y hagan lo que es justo. Así, Dios les proporcionará todo lo que necesiten.

—MATEO 6.31-33

Por eso, mi Dios les dará todo lo que necesiten, conforme a las gloriosas riquezas que tiene en Cristo Jesús.

—FILIPENSES 4.19

Qué hacer cuando
Tienes problemas conyugales

Arrojen de ustedes la amargura, el enojo, la ira,
los gritos, las calumnias y todo tipo de maldad.
Al contrario, sean bondadosos entre ustedes, sean
compasivos y perdónense las faltas los unos a los otros,
de la misma manera que Dios los perdonó a ustedes
por medio de Cristo.

—Efesios 4.31, 32

Dios el Señor dijo: «No es bueno que el hombre esté
solo. Le voy a hacer una compañera que sea de ayuda
para él en todas sus necesidades».

—Génesis 2.18

Es por eso que el hombre deja a su padre y a su
madre y se casa con su mujer, y los dos llegan a ser
como una sola persona.

—Génesis 2.24

Sométanse unos a otros por respeto a Cristo. Las
mujeres deben someterse a sus esposos al igual que
se someten al Señor. Porque el esposo es cabeza de la
esposa, de la misma manera que Cristo es cabeza y
salvador de ese cuerpo suyo que es la iglesia. Así que las
esposas deben estar sujetas en todo a sus esposos, así
como la iglesia lo está a Cristo.

Los esposos, por su parte, deben mostrar a sus esposas el mismo amor que Cristo mostró a su iglesia. Cristo se entregó a sí mismo por ella para hacerla santa y la purificó lavándola con agua por medio de la Palabra. Lo hizo así a fin de presentársela a sí mismo como una iglesia gloriosa, sin manchas ni arrugas ni nada semejante, sino santa e intachable. Así deben amar los esposos a sus esposas: como aman a su propio cuerpo. ¡El hombre que ama a su esposa se ama a sí mismo! Nadie aborrece su propio cuerpo; antes bien, lo alimenta y lo cuida con esmero. Cristo hace lo mismo con ese cuerpo suyo del que formamos parte: la iglesia.

«Por eso, el hombre dejará a su padre y a su madre y se unirá a su mujer, y los dos serán como una sola persona».

Sé que esto es como un misterio difícil de entender; pero ilustra la manera en que Cristo se relaciona con la iglesia. Así que, repito, el esposo debe amar a su esposa como a sí mismo; y la esposa debe respetar a su esposo.

—EFESIOS 5.21-33

Así mismo, esposas, obedezcan a sus esposos, para que al obedecerlos, si alguno de ellos no cree en la palabra pueda convencerlo el comportamiento de ustedes más que sus palabras, al ver ellos su conducta honesta y respetuosa.

No busquen ustedes la belleza externa que producen adornos tales como peinados exagerados, joyas de oro y vestidos lujosos. Procuren más bien la belleza pura, la que viene de lo íntimo del corazón y que consiste en un espíritu afectuoso y tranquilo. Ésta es la que tiene valor delante de Dios. Ese era el adorno de las mujeres santas en el pasado, las que confiaban en Dios y obedecían a sus esposos.

Sara, por ejemplo, obedecía a Abraham y lo llamaba su señor. Si ustedes hacen el bien y no tienen miedo de nada, es que son hijas de ella.

En cuanto a ustedes, esposos, sean comprensivos con sus esposas. Trate cada uno a su esposa con respeto, ya que como mujer es más delicada y comparte, junto con ustedes, la herencia de la vida eterna. Al hacer esto nada estorbará sus oraciones.

—1 PEDRO 3.1-7

Pero si les parece mal servir al SEÑOR, escojan hoy a quién van a servir, si a los dioses que sus antepasados adoraban más allá del Éufrates o a los dioses de los amorreos de esta tierra. Pero yo y los de mi casa serviremos al SEÑOR.

—JOSUÉ 24.15

El que ama no le hace mal a nadie y, por eso mismo, el que ama cumple perfectamente la ley.

—ROMANOS 13.10

Trataré de vivir una vida sin mancha, pero ¿cuándo vendrás en mi ayuda? Quiero portarme en mi propia casa como debo.

—SALMO 101.2

En fin, vivan ustedes en armonía unos con otros. Compartan sus penas y alegrías, ámense como hermanos, tengan compasión y sean humildes. No le hagan mal al que les hizo mal ni insulten al que los insultó. Al contrario, bendíganlo, porque Dios los eligió a ustedes para que reciban bendición.

El que quiere amar la vida y pasar días felices, cuide su lengua de hablar el mal y sus labios de engañar. Apártese del mal y haga el bien; busque la paz y sígala.

—1 Pedro 3.8-11

Confía en el Señor con todo tu corazón, y no confíes en tu propia inteligencia. Busca la voluntad del Señor en todo lo que hagas, y él dirigirá tus caminos.

—Proverbios 3.5, 6

El odio provoca pleitos, pero el amor cubre todas las faltas.

—Proverbios 10.12

Ahora que ustedes se han purificado porque obedecen a la verdad y tienen un amor sincero por sus hermanos, ámense con todo su corazón unos a otros.

—1 Pedro 1.22

Qué hacer cuando
HAS SIDO ABANDONADO
POR TUS SERES QUERIDOS

Todos los que conocen tu misericordia, SEÑOR, contarán contigo para que los auxilies, pues jamás has abandonado a quienes en ti confían.

—SALMO 9.10

El SEÑOR no abandonará a su pueblo; porque son su especial propiedad.

—SALMO 94.14

Si mi padre y mi madre me abandonaran, tú me recibirías y me consolarías.

—SALMO 27.10

Y enséñenles a obedecer los mandamientos que les he dado. De una cosa podrán estar seguros: Estaré con ustedes siempre, hasta el fin del mundo.

—MATEO 28.20

Jamás volverán a llamarte «La Abandonada» ni a tu nación «La Arruinada». Tu nuevo nombre será «Mi Preferida» y tu nación, «La Desposada», porque en ti se deleita el SEÑOR y te reclamará como posesión suya.

—ISAÍAS 62.4

Nos persiguen, pero Dios no nos abandona nunca. Nos derriban, pero no nos pueden destruir.

—2 Corintios 4.9

Dejen en las manos de Dios todas sus preocupaciones, porque él cuida de ustedes.

—1 Pedro 5.7

Fui joven y estoy viejo, y en todos mis años jamás vi al justo en la miseria; tampoco he visto a los hijos de los justos pasar hambre.

—Salmo 37.25

Porque el Señor su Dios es misericordioso; él no los abandonará ni los destruirá ni olvidará el pacto y las promesas hechas a sus antepasados.

—Deuteronomio 4.31

Cuando los pobres y menesterosos busquen agua sin hallarla, y tengan la lengua reseca de sed, yo responderé cuando clamen a mí. Yo, el Dios de Israel, no los abandonaré jamás.

—Isaías 41.17

Porque el Señor dice: «Por cuanto me ama, yo lo libraré; lo protegeré porque confía en mi nombre. Cuando me llame, yo responderé; estaré con él en la angustia, lo libraré y lo honraré».

—Salmo 91.14, 15

¡Jamás! ¿Podrá la madre olvidar a su criaturita y no amar a su propio hijo? Pues aunque eso fuera posible, yo no los olvidaré. Miren, en la palma de mi mano he grabado su nombre y ante mí tengo perpetuamente el cuadro de las derribadas murallas de Jerusalén.

—ISAÍAS 49.15, 16

¿Por qué voy a desanimarme y a estar triste? ¡Confía en Dios! Nuevamente lo alabaré. ¡Él es mi Dios y mi Salvador!

—SALMO 43.5

Sé fuerte. Sé valiente. No temas delante de ellos porque el SEÑOR tu Dios estará contigo, no te dejará ni te abandonará.

—DEUTERONOMIO 31.6

El SEÑOR no abandonará a su pueblo escogido, porque ello deshonraría su gran nombre. Él los ha hecho una nación especial simplemente porque él lo ha querido.

—1 SAMUEL 12.22

Qué hacer cuando
No comprendes
los caminos de Dios

Mis pensamientos y conducta son radicalmente diferentes a los de ustedes. Porque así como el cielo es más alto que la tierra, mi conducta y mis pensamientos son más elevados que los de ustedes.

—Isaías 55.8, 9

Pregúntame y yo te revelaré algunos importantes secretos acerca de lo que habrá de ocurrir aquí.

—Jeremías 33.3

¿Qué más se puede decir? Si Dios está de parte nuestra, ¿quién podrá estar contra nosotros?

—Romanos 8.31

¿Quién podrá apartarnos del amor de Cristo? ¿El sufrimiento, la angustia, la persecución, el hambre, la pobreza, el peligro, las amenazas de muerte?

Las Escrituras dicen:

«Por tu causa nos amenazan de muerte todo el tiempo, nos tratan como a ovejas de matadero».

A pesar de todo, nuestra victoria es absoluta, gracias a Cristo que nos amó.

—Romanos 8.35-37

Ustedes no han pasado por ninguna tentación que no sea común al género humano. Pero pueden estar confiados en la fidelidad de Dios, que no dejará que la tentación sea más fuerte de lo que puedan resistir. Dios les mostrará la manera de resistir la tentación y escapar de ella.

—1 Corintios 10.13

El bueno no está libre de tribulación; también tiene sus problemas pero en todos ellos lo auxilia el Señor.

—Salmo 34.19

Lleva tus cargas al Señor, él te sostendrá. No permitirá que el santo resbale o caiga.

—Salmo 55.22

No temas, pues yo estoy contigo, no te desanimes. Yo soy tu Dios, yo te fortaleceré, yo te ayudaré, yo te sostendré con mi triunfante mano diestra.

—Isaías 41.10

Además, sabemos que si amamos a Dios, él hace que todo lo que nos suceda sea para nuestro bien. Él nos ha llamado de acuerdo con su propósito.

—Romanos 8.28

¡No nos cansemos de ir en busca del Señor! Si lo hacemos, podemos estar seguros de que él vendrá a nuestro encuentro. Eso es tan seguro como el hecho de que el sol alumbra cada día. Eso será así, tan seguro como el hecho de que la lluvia cae en el tiempo oportuno y riega la tierra.

—Oseas 6.3

¡Qué grandioso es él! ¡Cuán perfecto en todo! Todas sus promesas se cumplen. Es escudo para todo aquel que tras él se refugia.

—SALMO 18.30

Sigamos firmes en la esperanza que profesamos, porque él cumplirá la promesa que nos hizo.

—HEBREOS 10.23

Y celebraré un convenio eterno con ellos, prometiendo no volver a abandonarlos, y hacerles sólo bien. Pondré en sus corazones el deseo de honrarme y respetarme, y nunca me abandonarán.

—JEREMÍAS 32.40

El SEÑOR cumplirá sus planes para mi vida. Porque tu gran amor, SEÑOR, es para siempre. No me abandones, pues tú me hiciste.

—SALMO 138.8

Queridos hermanos, no se sorprendan del fuego de la prueba por el que están pasando, como si fuera algo extraño. Al contrario, alégrense de tener parte en los sufrimientos de Cristo, para que también se alegren muchísimo cuando se muestre la gloria de Cristo.

—1 PEDRO 4.12, 13

Qué hacer cuando
Debes esperar en Dios

Espera al Señor; él acudirá. Sé valiente, resuelto y animoso. Sí; espera, y él te ayudará.

—Salmo 27.14

Pero yo callo ante el Señor, porque en él está mi esperanza.

—Salmo 62.5

Sólo en el Señor confiamos para que nos salve. Sólo él puede ayudarnos; nos protege como escudo.

—Salmo 33.20

Pero los que esperan en el Señor renovarán sus fuerzas: emprenderán vuelo como si tuvieran alas de águilas, correrán y no se cansarán, caminarán y no desfallecerán.

—Isaías 40.31

Las cosas que planeo no ocurrirán tan pronto, pero con toda seguridad ocurrirán. Aunque pienses que se demoran en cumplirse, no te desesperes. ¡Todo acontecerá en el día que he señalado!

—Habacuc 2.3

Sigamos firmes en la esperanza que profesamos, porque él cumplirá la promesa que nos hizo.

—Hebreos 10.23

Los ojos de toda la humanidad te buscan esperando auxilio; tú les das el alimento que necesitan. Abres la mano y satisfaces el hambre y la sed de toda criatura viviente.

—SALMO 145.15, 16

Yo espero en el SEÑOR; sí, espero en él. He puesto mi esperanza en su palabra.

—SALMO 130.5

Pues hemos llegado a tener parte con Cristo, si somos fieles hasta el fin, tal como confiamos en Cristo al principio.

—HEBREOS 3.14

En aquel día proclamará el pueblo:
«Éste es nuestro Dios, en quien confiamos, a quien hemos esperado. Ahora por fin está aquí». ¡Qué día de regocijo!

—ISAÍAS 25.9

Qué tiene la Biblia para decir
en cuanto a. . .

Qué tiene la Biblia para decir en cuanto a
LA FE

La fe es la seguridad de recibir lo que se espera, es estar convencido de lo que no se ve.

—HEBREOS 11.1

Así que la fe nace cuando se presta atención a las buenas noticias acerca de Cristo.

—ROMANOS 10.17

Como mensajero por la bondad de Dios les advierto que no se consideren mejores de lo que son; valórense según el grado de fe que Dios les ha dado.

—ROMANOS 12.3

Mantengamos fija la mirada en Jesús, pues de él viene nuestra fe y él es quien la perfecciona. Él, por el gozo que le esperaba, soportó la cruz y no le dio importancia a la vergüenza que eso significaba, y ahora está sentado a la derecha del trono de Dios.

—HEBREOS 12.2

—Porque tienen muy poca fe —les respondió Jesús—. Si tuvieran siquiera una fe tan pequeña como un grano de mostaza, podrían decirle a aquella montaña que se quitara de en medio y se quitaría. Nada les sería imposible.

—MATEO 17.20

Jesús respondió:

—Tengan fe en Dios. Les aseguro que si alguien le dice a este monte que se mueva y se arroje al mar, y no duda que va a suceder, el monte lo obedecerá. Por eso les digo que todo lo que pidan en oración, crean que lo recibirán, y así será.

—MARCOS 11.22-24

Las buenas noticias nos muestran la manera en que Dios nos acepta: por la fe, de principio a fin. Como está escrito en el Antiguo Testamento: «El que es justo, lo es por creer en Dios».

—ROMANOS 1.17

Esto lo sabemos por la fe, no por la vista.

—2 CORINTIOS 5.7

Sin fe es imposible agradar a Dios. El que quiera acercarse a Dios debe creer que existe y que premia a los que sinceramente lo buscan.

—HEBREOS 11.6

—¿Que si puedo? —dijo Jesús—. Cualquier cosa es posible si crees.

—MARCOS 9.23

La fe de ustedes es como el oro que tiene que probarse por medio del fuego. Así también su fe, que vale mucho más que el oro, tiene que probarse por medio de los problemas y, si es aprobada, recibirá gloria y honor cuando Jesucristo aparezca. Ustedes aman

a Jesucristo a pesar de que no lo han visto; y aunque
ahora no lo ven, creen en él y se llenan de una gran
alegría, porque están obteniendo su salvación que es la
meta de su fe.

—1 Pedro 1.7-9

Porque el que es hijo de Dios puede vencer el pecado
y las inclinaciones al mal, confiando en la ayuda que
Cristo puede ofrecerle.

—1 Juan 5.4

Mientras iban, una mujer que llevaba doce años
enferma de un derrame de sangre, se acercó por detrás
y tocó el borde del manto de Jesús. Ella pensaba que si
lo tocaba sanaría. Jesús se volvió y le dijo:
—Hija, tu fe te ha sanado. Vete tranquila.
Y la mujer sanó en aquel mismo momento.

—Mateo 9.20-22

Al llegar a la casa, Jesús les preguntó:
—¿Creen que puedo devolverles la vista?
—Sí, Señor —le contestaron—; creemos.
Entonces él les tocó los ojos y dijo: —Hágase
realidad lo que han creído.

—Mateo 9.28,29

Si alguno está enfermo, que llame a los ancianos
de la iglesia para que oren por él y lo unjan con aceite
en el nombre del Señor. La oración que hagan con fe
sanará al enfermo y el Señor lo levantará.

—Santiago 5.14, 15a

Qué tiene la Biblia para decir en cuanto a
EL AMOR

Amados, pongamos en práctica el amor mutuo, porque el amor es de Dios. Todo el que ama y es bondadoso da prueba de ser hijo de Dios y de conocerlo bien. El que no ama no conoce a Dios, porque Dios es amor.

—1 JUAN 4, 7, 8

Si yo tengo el don de hablar en lenguas humanas o angélicas y no tengo amor, soy como un metal que resuena o un platillo que hace ruido.

Si tengo el don de profecía y sé absolutamente de todo, y no tengo amor, no soy nada. Y si tengo una fe tan grande que puedo hacer que los montes cambien de lugar, de nada me servirá sin amor.

Si entrego a los pobres hasta el último bien terrenal que poseo, y si dejo que me quemen vivo, pero no tengo amor, de nada me servirá.

El amor es paciente, es benigno; el amor no es envidioso; el amor no es presumido ni orgulloso; no se comporta con rudeza ni es egoísta ni se enoja fácilmente ni guarda rencor; al amor no le gustan las injusticias y se regocija cuando triunfa la verdad.

El amor disculpa todos los errores, siempre confía en la persona amada, espera de ella lo mejor y todo lo soporta.

Un día se dejará de profetizar y de hablar en lenguas, y el saber ya no será necesario, pues sabemos muy poco y profetizamos imperfectamente; pero siempre existirá el amor.

Tres virtudes hay que ahora permanecen: la fe, la esperanza y el amor. Pero la más excelente de ellas es el amor.

—1 Corintios 13.1-9, 13

Eso sí es amor verdadero. No se trata de que nosotros hayamos amado a Dios, sino de que él nos amó tanto que estuvo dispuesto a enviar a su único Hijo como sacrificio expiatorio por nuestros pecados.

Amados, ya que Dios nos ha amado tanto, debemos amarnos unos a otros. Porque aunque nunca hemos visto a Dios, si nos amamos unos a otros Dios habita en nosotros, y su amor en nosotros crece cada día más.

—1 Juan 4.10-12

Así como el Padre me ama a mí, así también yo los amo a ustedes. No se aparten de mi amor. Si obedecen mis mandamientos, no se apartarán de mi amor, así como yo obedezco los mandamientos de mi Padre y su amor no se aparta de mí.

—Juan 15.9, 10

«Ama al Señor tu Dios con todo tu corazón, con toda tu alma, con toda tu mente y con todas tus fuerzas». Y el segundo es: «Ama a tu prójimo como a ti mismo».

No hay otro mandamiento más importante que estos.

Y que amar a Dios con todo el corazón, con todo el entendimiento y con todas las fuerzas, y amar al prójimo como a uno mismo, es más importante que todos los holocaustos y todos los sacrificios.

—MARCOS 12.30, 31, 33

El que hace suyos mis mandamientos y los obedece, ese es el que me ama. Y al que me ama, mi Padre lo amará, y yo también lo amaré y me mostraré a él.

—JUAN 14.21

Y mi mandamiento es este: que se amen unos a otros como yo los amo. Nadie tiene más amor que el que da la vida por sus amigos. Ustedes son mis amigos si hacen lo que yo les mando.

Esto es lo que les mando: que se amen unos a otros.

—JUAN 15.12-14,17

Sabemos cuánto nos ama Dios porque hemos sentido ese amor y porque le creemos cuando nos dice que nos ama profundamente. Dios es amor, y el que vive en amor vive en Dios y Dios en él.

Dios mismo ha dicho que no sólo debemos amarlo a él, sino también a nuestros hermanos.

—I JUAN 4.16, 21

Porque el Padre mismo los ama. Él los ama porque me aman y han creído que yo vengo de parte de Dios.

—JUAN 16.27

Porque hace mucho tiempo dije a Israel: ¡Yo te he amado, oh pueblo mío, con amor sin fin, con amorosa bondad te he atraído a mí!

—JEREMÍAS 31.3

Dios, no obstante, nos demostró su amor al enviar a Cristo a morir por nosotros, aun cuando éramos pecadores.

—ROMANOS 5.8

Dios amó tanto al mundo, que dio a su único Hijo, para que todo el que cree en él no se pierda, sino tenga vida eterna.

—JUAN 3.16

Estoy convencido de que nada podrá apartarnos de su amor; ni la muerte, ni la vida, ni los ángeles, ni los demonios, ni lo presente, ni lo que está por venir, ni los poderes, ni lo alto, ni lo profundo, ni cosa alguna de toda la creación. ¡Nada podrá separarnos del amor que Dios nos ha demostrado en Cristo Jesús, nuestro Señor!

—ROMANOS 8.38, 39

Les doy este mandamiento nuevo: que se amen unos a otros. Así como yo los amo, ustedes deben amarse unos a otros. Si se aman unos a otros, todos se darán cuenta de que son mis discípulos.

—JUAN 13.34, 35

Qué tiene la Biblia para decir en cuanto a
LA ETERNIDAD

⤦⤦⟶⟵⤦⤦

¿Y qué es lo que ha dicho? Que nos ha dado vida eterna, y que esta vida está en su Hijo.

—I JUAN 5.II

Les aseguro que el que presta atención a lo que digo y cree en el que me envió, tiene vida eterna y no será condenado, porque ha pasado de la muerte a la vida.

—JUAN 5.24

Dios amó tanto al mundo, que dio a su único Hijo, para que todo el que cree en él no se pierda, sino tenga vida eterna.

—JUAN 3.16

Les aseguro que el que cree tiene vida eterna.

—JUAN 6.47

Pero sabemos que Cristo, el Hijo de Dios, vino a ayudarnos a hallar y entender al Dios verdadero. Ahora estamos en Dios, porque estamos en su Hijo Jesucristo, que es también Dios verdadero y la vida eterna.

—I JUAN 5.20

Soy el pan vivo que bajó del cielo. El que coma de este pan vivirá para siempre. Este pan es mi carne, que daré para que el mundo viva.

—JUAN 6.51

Los pobres comerán y se saciarán; cuantos busquen al SEÑOR lo hallarán. De gozo constante tendrán lleno el corazón.

—SALMO 22.26

Día tras día el SEÑOR cuida de los justos, y les concede recompensas eternas.

—SALMO 37.18

Tu bondad e inagotable generosidad me acompañarán toda la vida, y después viviré en tu casa para siempre.

—SALMO 23.6

Pero en cuanto a mí; Dios redimirá mi alma del poder de la muerte; porque él me recibirá.

—SALMO 49.15

Cuando así suceda, se cumplirá la siguiente profecía: «Ha sido devorada la muerte por la victoria.

¿Dónde está, oh muerte, tu aguijón?

¿Dónde está, oh sepulcro, tu victoria?»

—1 CORINTIOS 15.54, 55

Jesús le dijo:

—Yo soy la resurrección y la vida. El que cree en mí, aunque muera, vivirá; y todo el que cree en mí nunca morirá. ¿Crees esto?

—JUAN 11.25, 26

No trabajen por la comida que se acaba. Trabajen más bien por la comida que permanece y da vida eterna, que es la comida que el Hijo del hombre les

dará. Sobre él ha puesto Dios el Padre su sello de
aprobación.

—JUAN 6.27

Mis ovejas oyen mi voz; yo las conozco y ellas me
siguen. Yo les doy vida eterna y jamás perecerán ni
nadie podrá arrebatármelas de la mano.

—JUAN 10.27, 28

Pero el que beba del agua que yo le dé, no volverá
a tener sed jamás, porque dentro de él esa agua se
convertirá en un manantial del que brotará vida eterna.

—JUAN 4.14

Qué tiene la Biblia para decir en cuanto a
LA ALABANZA

Yo hice a Israel para mí, y algún día este pueblo mío me honrará ante el mundo.

—ISAÍAS 43.21

Pero ustedes son una familia escogida, son sacerdotes reales y son una nación santa. Son un pueblo que Dios compró para que anuncien sus obras extraordinarias; él fue quien los llamó de las tinieblas a su luz maravillosa.

—1 PEDRO 2.9

Ya que es así, ofrezcamos continuamente a Dios un sacrificio de alabanza por medio de Jesucristo; es decir, confesemos su nombre con nuestros labios.

—HEBREOS 13.15

¡Aleluya! ¡Alabado sea el SEÑOR! ¡Qué bueno es cantar sus alabanzas! ¡Qué agradable y justo es alabarle!

—SALMO 147.1

Invocaré al SEÑOR, que es digno de ser alabado. Él me salvará de todos mis enemigos.

—2 SAMUEL 22.4

Alabaré al SEÑOR, pase lo que pase. Constantemente hablaré de sus glorias y de su gracia.

—SALMO 34.1

¡Vengan todos, y den palmadas de júbilo! ¡Griten triunfantes alabanzas al Señor!

Entonemos alabanzas a nuestro Dios, nuestro rey. Porque Dios es el rey de toda la tierra. Alabémosle entonando un salmo.

—Salmo 47.1, 6, 7

¡Qué grande es el Señor! Cuánto debemos alabarlo en su monte santo en la ciudad de nuestro Dios.

—Salmo 48.1

Pero el que me ofrenda su gratitud, me honra. Los que andan por mis sendas recibirán salvación del Señor.

—Salmo 50.23

Porque tu amor y bondad son para mí mejor que la vida misma! ¡Cuánto te alabo! Te bendeciré mientras viva, alzando a ti mis manos en oración. Tú dejas mi alma más satisfecha que un delicioso banquete; te alabarán mis labios con gran júbilo.

—Salmo 63.3-5

Por eso no puedo dejar de alabarte; todo el día te alabaré y te honraré.

Seguiré esperando que me ayudes. Te alabo más y más.

—Salmo 71.8, 14

Bueno es darle gracias al Señor, cantarle alabanzas al Dios Altísimo.

—Salmo 92.1

Grande es el Señor y digno de alabanza.
—Salmo 96.4a

¡Que den gracias al Señor por su gran amor, por sus
maravillosas obras que ha hecho para su bien!
—Salmo 107.8

Era ya media noche. Pablo y Silas todavía estaban
orando y cantando himnos al Señor. Los demás
prisioneros escuchaban.
—Hechos 16.25

No se embriaguen, pues no se podrán controlar; más
bien dejen que el Espíritu Santo los llene y controle. Así
hablarán entre ustedes con salmos e himnos y cantos
espirituales, y elevarán al Señor alabanzas y cantos de
todo corazón. También le darán gracias siempre y por
todo a Dios, nuestro Padre, en el nombre de nuestro
Señor Jesucristo.
—Efesios 5.18-20

Qué tiene la Biblia para decir en cuanto a
SERVIR A DIOS

No debes jamás adorar a dios alguno sino al SEÑOR; obedece sus mandamientos y síguelo a él nada más.

—DEUTERONOMIO 13.4

Nadie puede servir a dos amos. No puedes servir a Dios y al dinero, pues amarás a uno y odiarás al otro, o servirás a uno y despreciarás al otro.

—MATEO 6.24

—¡Vete de aquí, Satanás! —le respondió Jesús—. Las Escrituras dicen: «Sólo al Señor tu Dios adorarás, y solamente a él le obedecerás».

—MATEO 4.10

Sigan obedeciendo todos los mandamientos que Moisés les dio, amen al SEÑOR, y sigan el camino que él ha trazado para sus vidas. Aférrense a él y sírvanle con todo su ser.

—JOSUÉ 22.5

Por esto, hermanos, tomando en cuenta el amor que Dios nos tiene, les ruego que cada uno de ustedes se entregue como sacrificio vivo y santo; éste es el único sacrificio que a él le agrada.

No se amolden a la conducta de este mundo; al contrario, sean personas diferentes en cuanto a su conducta y forma de pensar. Así aprenderán lo que Dios quiere, lo que es bueno, agradable y perfecto.

—ROMANOS 12.1, 2

Ámense con cariño de hermanos y deléitense en el respeto mutuo.

No sean perezosos; sirvan al Señor con el entusiasmo que da el Espíritu.

Cuando vean a algún hermano en necesidad, corran a ayudarlo. Y fórmense el hábito de ofrecer alojamiento a los que lo necesiten.

—ROMANOS 12.10, 11, 13

Luego David se dirigió a Salomón y le dijo: «Salomón, hijo mío, dedícate a conocer al Dios de tus padres; adóralo y sírvele con un corazón limpio y una correcta disposición, porque el SEÑOR ve todo corazón, y entiende y conoce todo pensamiento. Si tú lo buscas, lo encontrarás; pero si tú lo abandonas, él te desechará por completo».

—I CRÓNICAS 28.9

Ahora pues, Israel, ¿qué es lo que el SEÑOR tu Dios quiere de ti sino que escuches cuidadosamente todo lo que te dice y obedezcas por tu bien los mandamientos que te doy en este día, y que lo ames y le sirvas con toda tu mente y todo tu ser?

—DEUTERONOMIO 10.12

Si ustedes obedecen cuidadosamente todos los mandamientos que les voy a entregar en este día, y si aman al SEÑOR su Dios con toda su mente y con toda su vida, y lo adoran, él les enviará lluvia que caiga a su tiempo, tanto la de otoño como la de primavera, que haga producir ricas cosechas de grano, de uvas en sus viñedos y de aceite de sus olivares. El SEÑOR les dará hierba verde para su ganado, y tendrán abundante comida, y se saciarán.

—DEUTERONOMIO 11.13-15

Pero si les parece mal servir al SEÑOR, escojan hoy a quién van a servir, si a los dioses que sus antepasados adoraban más allá del Éufrates o a los dioses de los amorreos de esta tierra. Pero yo y los de mi casa serviremos al SEÑOR.

—JOSUÉ 24.15

—No teman —los animó Samuel—. Ciertamente han hecho mal, pero al menos no desistan de seguir al SEÑOR y sírvanle con todo el corazón. Los otros dioses no los pueden ayudar porque son falsos. El SEÑOR no abandonará a su pueblo escogido, porque ello deshonraría su gran nombre. Él los ha hecho una nación especial simplemente porque él lo ha querido.

—1 SAMUEL 12.20-22

Pero ahora estamos muertos con respecto a la ley que nos dominaba y podemos servir a Dios. Y esto no como antes, que lo hacíamos bajo el antiguo mandamiento, sino que ahora lo hacemos bajo el poder del Espíritu.

—ROMANOS 7.6

Aclamen alegres al Señor, habitantes de toda la tierra; adoren al Señor con regocijo. Preséntense ante él con cántico de júbilo.

Entremos por sus puertas con canciones de alabanza y gratitud. Démosle gracias y bendigamos su nombre.

—Salmo 100.1, 2, 4

Servirán al Señor su Dios solamente, y yo los bendeciré con alimentos y agua, y apartaré toda enfermedad de entre ustedes. No habrá abortos ni esterilidad en su tierra, y vivirán a plenitud todos los días de su vida.

—Éxodo 23.25, 26

Qué tiene la Biblia para decir en cuanto a
LA OBEDIENCIA

Ahora ustedes deben elegir entre la bendición de Dios y la maldición de Dios. Tendrán bendición si obedecen los mandamientos del SEÑOR su Dios que les estoy dando en este día, y maldición si lo desobedecen y adoran los dioses de estas otras naciones.

—DEUTERONOMIO 11.26-28

Samuel respondió:

—¿Se complace el SEÑOR tanto en los holocaustos y sacrificios como en que se obedezcan sus palabras? La obediencia es mucho mejor que los sacrificios. Él prefiere que le obedezcas a que le ofrezcas la gordura de los carneros.

—1 SAMUEL 15.22

¡Ay, ojalá que hubieran atendido mis leyes! Entonces habrían disfrutado de paz que fluiría como manso río, y de grandes oleadas de justicia.

—ISAÍAS 48.18

Lo que les dije fue: ¡Sigan mis instrucciones y yo seré su Dios y ustedes serán mi pueblo; basta que hagan lo que les indico y todo les saldrá bien!

—JEREMÍAS 7.23

Si ustedes me aman, obedecerán mis mandamientos. El que hace suyos mis mandamientos y los obedece,

ese es el que me ama. Y al que me ama, mi Padre lo
amará, y yo también lo amaré y me mostraré a él.

—JUAN 14.15, 21

—Tenemos que obedecer a Dios antes que a los
hombres —respondieron Pedro y los apóstoles.

—HECHOS 5.29

¿Cómo podemos saber que conocemos a Dios? Si
obedecemos sus mandamientos. Si alguno dice: «Yo
conozco a Dios», pero no obedece sus mandamientos,
miente y no dice la verdad. En cambio, el amor a Dios
se demuestra cuando obedecemos lo que él manda.
Así estamos seguros de que estamos unidos a Dios.
El que afirma que está unido a Dios, debe vivir como
Jesucristo vivió.

—1 JUAN 2.3-6

Y, si te mantienes en mi voluntad y obedeces mis
mandamientos, como lo hizo tu padre David, entonces
te permitiré vivir muchos años.

—1 REYES 3.14

Ayúdame a hacer tu voluntad, pues tú eres mi Dios.
Que tu buen Espíritu me guíe por un terreno firme.

—SALMO 143.10

Moisés siguió hablándole al pueblo de Israel y le dijo:
«Oigan ahora cuidadosamente estas leyes y normas
que Dios les ha dado; apréndanselas, consérvenlas y
obedézcanlas».

Entonces Moisés le dijo al pueblo: «Deben obedecer los mandamientos tal como el Señor su Dios se los ha ordenado. Sigan sus instrucciones al pie de la letra, y manténganse en el derrotero que Dios les trazó. Esa es la única forma en la que tendrán vida larga y próspera en la tierra que pronto entrarán a poseer».

—Deuteronomio 5.1, 32, 33

Esclavos, obedezcan en todo a sus amos terrenales; no traten de agradarlos sólo cuando ellos los estén vigilando, sino siempre; obedézcanlos de buena gana y por respeto a Dios. Hagan lo que hagan, háganlo bien, como si en vez de estar trabajando para amos terrenales estuvieran trabajando para el Señor. Recuerden que el Señor Jesucristo les dará la parte que les corresponde, pues él es el Señor a quien en realidad sirven ustedes.

—Colosenses 3.22-14

Por causa del Señor, obedezcan a toda autoridad humana, ya sea al rey porque es el que tiene más autoridad, o a los gobernadores que él ha puesto para castigar a los que hacen lo malo y para honrar a los que hacen lo bueno. Lo que Dios quiere es que ustedes hagan el bien, para que los ignorantes y tontos no tengan nada que decir en contra de ustedes.

Pórtense como personas libres que no usan su libertad como pretexto para hacer lo malo, sino que viven como siervos de Dios.

Traten a todos con respeto. Amen a los hermanos, honren a Dios y respeten al rey.

Criados, obedezcan y respeten a sus amos, no sólo a los que son buenos y comprensivos sino también a los que son difíciles de soportar, pues es digno de elogio que alguien, por ser responsable ante Dios, soporte penas y sufrimientos injustamente. Pero ustedes no tendrán ningún mérito si los maltratan por hacer lo malo. En cambio, si sufren por hacer lo bueno, eso es algo que a Dios le agrada.

—1 PEDRO 2.13-20

Hijos, obedezcan a sus padres, pues esto es lo que deben hacer los que pertenecen al Señor.

—EFESIOS 6.1

Hijos, obedezcan a sus padres en todo, porque esto agrada al Señor. Padres, no hagan enojar a sus hijos, para que no se desanimen.

Esclavos, obedezcan en todo a sus amos terrenales; no traten de agradarlos sólo cuando ellos los estén vigilando, sino siempre; obedézcanlos de buena gana y por respeto a Dios. Hagan lo que hagan, háganlo bien, como si en vez de estar trabajando para amos terrenales estuvieran trabajando para el Señor.

Recuerden que el Señor Jesucristo les dará la parte que les corresponde, pues él es el Señor a quien en realidad sirven ustedes.

—COLOSENSES 3.20-24

Qué tiene la Biblia para decir en cuanto a
LA MENTE CARNAL

Los que ocupan su mente en las cosas del Espíritu tienen vida y paz; pero el ocuparse de las cosas de la naturaleza pecaminosa produce muerte, porque la naturaleza pecaminosa siempre se rebela contra Dios, nunca ha obedecido la ley de Dios y nunca podrá obedecerla.

Por eso, los que viven de acuerdo con su naturaleza pecaminosa jamás podrán agradar a Dios.

—ROMANOS 8.6-8

El que siembra para satisfacer los apetitos de su naturaleza pecaminosa, de ella cosechará destrucción; pero quien planta lo que le agrada al Espíritu, cosechará vida eterna del Espíritu.

—GÁLATAS 6.8

¡Oh gente adúltera! ¿No saben que al ser amigos del mundo son enemigos de Dios? Si alguien quiere ser amigo del mundo, se vuelve enemigo de Dios.

—SANTIAGO 4.4

Hay caminos que al hombre le parecen rectos, pero que al final terminan en muerte.

—PROVERBIOS 14.12

Ya se los he dicho muchas veces, y ahora se los vuelvo a decir con lágrimas, que muchos se comportan como enemigos de la cruz de Cristo. El futuro de ellos es la destrucción, porque su dios es su propio apetito y están orgullosos de lo que debería darles vergüenza. Sólo piensan en las cosas de este mundo.

—FILIPENSES 3.18-19

Pero la viuda que se entrega al placer, ya está muerta en vida.

—1 TIMOTEO 5.6

No te enredes en los asuntos de esta vida, porque ello no agradaría al que te tomó por soldado.

Huye de las cosas que provocan malos pensamientos en las mentes juveniles, y dedícate a seguir la justicia, la fe, el amor y la paz, y hazlo junto con los que aman al Señor con toda sinceridad.

—2 TIMOTEO 2.4, 22

La gente amará sólo el dinero y se amará a sí misma; será orgullosa, jactanciosa, blasfema, desobediente a sus padres, ingrata e impía. Serán tan duras de corazón que jamás cederán ante los demás; serán mentirosas, inmorales, crueles y opuestas a todo lo que es bueno. Traicionarán a sus amigos; serán iracundas, vanidosas y preferirán los placeres antes que a Dios. Aparentarán ser religiosas, pero su conducta desmentirá sus apariencias. ¡No tengas nada que ver con esa gente!

Esas personas son los que se introducen en casas ajenas y engañan a mujeres tontas y cargadas de pecado, a las que les gusta correr en pos de sus pasiones; siempre están aprendiendo, pero nunca logran conocer la verdad.

—2 TIMOTEO 3.2-7

Queridos hermanos, les pido, como si ustedes fueran extranjeros y estuvieran de paso por este mundo, que se mantengan lejos de los malos deseos que luchan contra la vida.

—1 PEDRO 2.11

No amen al mundo ni lo que hay en él. El que ama al mundo no ama al Padre, porque nada de lo que hay en el mundo —las pasiones sexuales, el deseo de poseer todo lo que agrada y el orgullo de poseer riquezas— proviene del Padre sino del mundo. Y el mundo se está acabando y con él todos sus malos deseos. Pero el que hace la voluntad de Dios permanece para siempre.

—1 JUAN 2.15-17

Por esto, hermanos, tomando en cuenta el amor que Dios nos tiene, les ruego que cada uno de ustedes se entregue como sacrificio vivo y santo; éste es el único sacrificio que a él le agrada.

No se amolden a la conducta de este mundo; al contrario, sean personas diferentes en cuanto a su conducta y forma de pensar. Así aprenderán lo que Dios quiere, lo que es bueno, agradable y perfecto.

—ROMANOS 12.1, 2

Llenen sus pensamientos de las cosas de arriba y no en las cosas de este mundo.

¡Hagan morir todo lo que viene de la naturaleza pecaminosa! Apártense de los pecados sexuales, las impurezas, las pasiones bajas y vergonzosas y del deseo de acumular más y más cosas, pues eso es idolatría.

—Colosenses 3.2, 5

La actitud de ustedes debe ser como la de Cristo Jesús.

—Filipenses 2.5

Él cuidará en perfecta paz a todos los que confían en él y cuyos pensamientos buscan a menudo al Señor.

—Isaías 26.3

Por último, hermanos, piensen en todo lo que es verdadero, todo lo que es respetable, todo lo justo, todo lo puro, todo lo amable, todo lo que es digno de admiración; piensen en todo lo que se reconoce como virtud o que merezca elogio.

—Filipenses 4.8

Qué tiene la Biblia para decir en cuanto a
LA GRACIA DE DIOS

Con gran poder predicaban los apóstoles acerca de la resurrección del Señor, y Dios les dio abundante gracia.

—HECHOS 4.33

Entonces contarás con la buena opinión de la gente y el favor de Dios.

—PROVERBIOS 3.4

Porque el SEÑOR es nuestra luz y nuestra protección. Él nos da gracia y gloria. Ningún bien se les negará a quienes hagan lo que es justo.

—SALMO 84.11

Entonces el SEÑOR le respondió:
—Haré lo que tú has pedido, porque ciertamente cuentas con mi ayuda, y eres mi amigo.

—ÉXODO 33.17

Me diste vida, y fuiste bueno y amoroso conmigo, y por tu cuidado me conservo vivo.

—JOB 10.12

Tú bendices al justo, oh SEÑOR, y con tu escudo de amor lo proteges.

—SALMO 5.12

El Señor me ha mostrado su gracia. Me ha dado firmeza como de montaña. Entonces, Señor, apartaste de mí tu rostro y quedé destruido.

—Salmo 30.7

El Señor nos recuerda y seguramente nos bendecirá. Bendecirá al pueblo de Israel, a los sacerdotes de la familia de Aarón, y a todos, grandes y pequeños que le temen.

—Salmo 115.12, 13

El que me encuentra, halla la vida y recibe la aprobación del Señor.

—Proverbios 8.35

El justo está cubierto de bendiciones, pero la boca del malvado está cubierta de violencia.

La bendición del Señor trae riquezas, sin que con ellas traiga tristeza.

Lo que el malvado teme se cumplirá; lo que el justo desea se le concederá.

—Proverbios 10.6, 22, 24

Los necios se burlan de sus propios pecados, pero entre los justos se encuentra buena voluntad.

—Proverbios 14.9

Extranjeros vendrán y reconstruirán las murallas de Jerusalén, y sus gobernantes y reyes se pondrán al servicio de ustedes, habitantes de Jerusalén. Pues aunque yo destruí a Jerusalén en mi arranque de ira, por mi amor sin límite me apiadaré de ella.

—ISAÍAS 60.10

Lo que padecemos es por el bien de ustedes. Y mientras más sean los que reciban el amor de Dios, más gracias habrá que dar a Dios por su gran bondad, y mayor gloria recibirá el Señor.

—2 CORINTIOS 4.15

Esto fue para que le demos la gloria a Dios por la extraordinaria gracia que nos mostró por medio de su amado Hijo.

—EFESIOS 1.6

Acerquémonos, pues, confiadamente al trono del Dios de amor, para encontrar allí misericordia y gracia en el momento en que las necesitemos.

—HEBREOS 4.16

Qué tiene la Biblia para decir en cuanto a
EL ESPÍRITU SANTO

¿No saben que el cuerpo es templo del Espíritu Santo, que Dios les dio, y que el Espíritu habita en ustedes? Ustedes no son sus propios dueños.

—1 CORINTIOS 6.19

Y esa esperanza nunca nos defrauda, pues Dios llenó nuestros corazones de su amor por medio del Espíritu Santo que él mismo nos dio.

—ROMANOS 5.5

Y yo le pediré al Padre, y él les enviará otro Consolador para que siempre esté con ustedes. Él es el Espíritu de verdad; el mundo no lo puede recibir porque no lo ve ni lo conoce. Pero ustedes sí lo conocen, porque vive con ustedes y estará en ustedes.

—JUAN 14.16, 17

Pero les digo la verdad: A ustedes les conviene que me vaya, porque si no lo hago, el Consolador no vendrá a ustedes; en cambio, si me voy, yo se lo enviaré.

Pero cuando venga el Espíritu de la verdad, él los guiará a toda la verdad, porque él no hablará por su propia cuenta, sino que dirá sólo lo que oiga y les anunciará las cosas que van a pasar.

—JUAN 16.7, 13

Yo bautizo con agua a los que se arrepienten de sus pecados; pero después de mí vendrá alguien que es más poderoso que yo y él bautizará con el Espíritu Santo y fuego. ¡Yo ni siquiera soy digno de desatar sus zapatos!

—MATEO 3.11

De aquel que cree en mí, brotarán ríos de agua viva, como dice la Escritura.

Lo que quería decir con esto era que los que creyeran en él recibirían el Espíritu. El Espíritu Santo todavía no había venido, porque Jesús aún no había sido glorificado.

—JUAN 7.38, 39

Pues si ustedes, que son malos, saben darles cosas buenas a sus hijos, con mayor razón el Padre celestial dará el Espíritu Santo a quienes se lo pidan.

—LUCAS 11.13

Después de haber derramado mis lluvias de nuevo, ¡también derramaré mi Espíritu sobre todos ustedes! Sus hijos e hijas profetizarán, sus ancianos tendrán sueños y sus jóvenes tendrán visiones de parte de Dios.

—JOEL 2.28

Estando con ellos, les mandó que no salieran de Jerusalén hasta que, tal como ya les había dicho, recibieran la promesa del Padre.

—Juan los bautizó con agua —les recordó—, pero dentro de poco ustedes serán bautizados con el Espíritu Santo.

Sin embargo, cuando el Espíritu Santo descienda sobre ustedes recibirán poder para ser mis testigos no sólo en Jerusalén, sino también en toda Judea, en Samaria y hasta lo último de la tierra.

—HECHOS 1.4, 5, 8

Entonces cada uno de los presentes quedó lleno del Espíritu Santo y empezó a hablar en idiomas que no conocía, pero que el Espíritu Santo le permitía hablar.

—HECHOS 2.4

—Arrepiéntanse —les respondió Pedro—, y bautícense en el nombre de Jesucristo, para que Dios les perdone sus pecados. Entonces recibirán también el don del Espíritu Santo.

—HECHOS 2.38

Después de esta oración, el edificio donde estaban reunidos se estremeció y quedaron llenos del Espíritu Santo, y se entregaron a predicar con arrojo el mensaje de Dios.

—HECHOS 4.31

No se embriaguen, pues no se podrán controlar; más bien dejen que el Espíritu Santo los llene y controle.

—EFESIOS 5.18

Cuando los apóstoles que estaban en Jerusalén se enteraron de que el pueblo de Samaria había aceptado el mensaje de Dios, enviaron allá a Pedro y a Juan. Tan pronto llegaron, comenzaron a orar para que recibieran el Espíritu Santo, que todavía no había descendido sobre ellos y sólo estaban bautizados en el nombre del Señor Jesús. Entonces Pedro y Juan pusieron las manos sobre los creyentes y ellos recibieron el Espíritu Santo.

—Hechos 8.14-17

Todavía Pedro no había terminado de decir estas cosas, cuando el Espíritu Santo cayó sobre los que lo escuchaban. Los judíos que andaban con Pedro, que eran defensores de la circuncisión, estaban asombrados de que el don del Espíritu Santo lo recibieran también los gentiles, pues los oían hablando en lenguas y alabando a Dios.

—Hechos 10.44-46a

—¿Recibieron ustedes el Espíritu Santo cuando creyeron? —les preguntó.

—No —le respondieron—. Ni siquiera sabíamos que existía el Espíritu Santo.

—¿Y cómo fue que les bautizaron? —les preguntó.

—De acuerdo con el bautismo de Juan —le respondieron.

Entonces Pablo les explicó que el bautismo de Juan era para el arrepentimiento, y que Juan había enseñado que era necesario creer en aquel que venía después de él, es a saber, Jesús el Mesías.

Al oír esto, se bautizaron en el nombre del Señor Jesús. Y cuando Pablo les puso las manos sobre la cabeza, el Espíritu Santo vino sobre ellos y hablaron en lenguas y profetizaron.

—Hechos 19.2-6

Qué tiene la Biblia para decir en cuanto a
LA FIDELIDAD DE DIOS

Has hecho muchas cosas buenas por mí, SEÑOR, tal como lo prometiste.

—SALMO 119.65

El que los llama es fiel, y por eso hará todo lo que ha dicho.

—1 TESALONICENSES 5.24

Así como en días de Noé juré que jamás permitiría que la inundación de las aguas cubriera la tierra y destruyera su vida, juro ahora que jamás volveré a derramar mi ira sobre ti como lo hice durante el exilio. Podrán los montes marcharse y desaparecer las colinas, pero la misericordia mía no te dejará. Jamás será quebrantada mi promesa de paz para ti, dice el SEÑOR, quien tiene misericordia de ti.

—ISAÍAS 54.9, 10

Cuando yo cubra de nubes la tierra, también haré que aparezca el arco iris. De ese modo me acordaré de la promesa que les he hecho a ustedes y a todos los demás seres vivos de la tierra. Así que nunca más los destruiré por medio de un diluvio.

—GÉNESIS 9.14-16

Fue porque él te amó y cumplió la promesa hecha a tus antepasados. Por esta razón te liberó de la esclavitud de Egipto con una gran demostración de poder y milagros maravillosos.

Entiende, pues, que el Señor tu Dios es el único Dios fiel, que por mil generaciones es fiel a su alianza y muestra su lealtad a los que le aman y obedecen sus mandamientos.

—Deuteronomio 7.8, 9

Pronto seguiré el camino de todos los que habitan la tierra: Voy a morir.

Ustedes saben bien que las promesas de Dios se han cumplido.

—Josué 23.14

Bendito sea el Señor, que ha cumplido su promesa y ha dado reposo a su pueblo Israel; ni una palabra ha dejado de cumplir de todas las maravillosas promesas dadas por su siervo Moisés.

—1 Reyes 8.56

Tu firme amor, Señor, es grande como los cielos. Tu fidelidad va más allá de las nubes.

—Salmo 36.5

El Señor no demora el cumplimiento de su promesa, como algunos suponen. Más bien lo que quiere es que nadie se pierda, por lo que está alargando el plazo para que todos se arrepientan.

—2 Pedro 3.9

Además, estaré contigo y te protegeré dondequiera que vayas, y te traeré de nuevo sano y salvo a esta tierra. ¡Jamás te abandonaré sin haberte cumplido mis promesas!

—Génesis 28.15

Oh Señor, por siempre cantaré la grandeza de tu amor; por todas las generaciones proclamará mi boca tu fidelidad. Tu gran amor dura para siempre; tu fidelidad dura tanto como los cielos.

Pero nunca lo dejaré de amar ni mis promesas le faltarán. No, no romperé mi pacto; no me arrepentiré de ninguna de las palabras que dije.

—Salmo 89.1, 2, 33, 34

No permitirá que resbales y caigas; jamás duerme el que te cuida. De verdad, jamás duerme ni se cansa el que cuida a Israel.

—Salmo 121.3, 4

Dios siempre cumple su palabra, y él los llamó a vivir unidos a su Hijo, Jesucristo, nuestro Señor.

—1 Corintios 1.9

Ustedes no han pasado por ninguna tentación que no sea común al género humano. Pero pueden estar confiados en la fidelidad de Dios, que no dejará que la tentación sea más fuerte de lo que puedan resistir. Dios les mostrará la manera de resistir la tentación y escapar de ella.

—1 Corintios 10.13

Si no somos fieles, él se mantiene fiel a nosotros, porque no puede faltar a su promesa.

Pero la verdad de Dios es un cimiento que se mantiene firme y sólido, y tiene esta inscripción: «El Señor conoce a los que son suyos, y el que adora al Señor debe apartarse del mal».

—2 Timoteo 2.13, 19

Qué tiene la Biblia para decir en cuanto a
LA IGLESIA

Cuando llegue el tiempo preciso, Dios reunirá todas las cosas —las que están en el cielo y en la tierra— bajo una cabeza, Cristo.

Dios ha puesto todas las cosas a sus pies y lo hizo suprema cabeza de la iglesia. Y la iglesia, que es su cuerpo, está llena de él, que llena también todo lo que existe.

—EFESIOS 1.10, 22-23

Él nos rescató del reino de las tinieblas y nos trasladó al reino de su Hijo amado.

Él es la cabeza de ese cuerpo suyo que es la iglesia.

Él, que es el principio, fue el primero en resucitar, para ser en todo siempre el primero.

—COLOSENSES 1.13, 18

—¿Y quién creen ustedes que soy?

—¡Tú eres el Cristo, el Mesías, el Hijo del Dios viviente! —respondió Simón Pedro.

—Dios te ha bendecido, Simón, hijo de Jonás —le dijo Jesús—, porque esto no lo aprendiste de labios humanos. ¡Mi Padre celestial te lo reveló personalmente! Tú eres Pedro, y sobre esta roca edificaré mi iglesia, y los poderes del infierno no prevalecerán contra ella.

—MATEO 16.15-18

¡Y sobre qué firme cimiento están edificados!
¡Nada menos que el de los apóstoles y profetas, y con
Cristo mismo como piedra angular! Unidos a Cristo
formamos parte del bien armado edificio, que va
construyéndose hasta que sea el templo santo del Señor.
Ustedes, pues, unidos a él, forman también parte de
ese lugar en el que Dios mora por medio de su Espíritu.
—Efesios 2.20-22

De quien recibe su nombre toda familia —tanto las
que están en el cielo como las que están en la tierra—,
A él sea la gloria en la iglesia y en Cristo Jesús, por
todos los siglos venideros. Amén.
—Efesios 3.15, 21

Porque el esposo es cabeza de la esposa, de la misma
manera que Cristo es cabeza y salvador de ese cuerpo
suyo que es la iglesia. Así que las esposas deben estar
sujetas en todo a sus esposos, así como la iglesia lo está
a Cristo.

Los esposos, por su parte, deben mostrar a sus
esposas el mismo amor que Cristo mostró a su iglesia.
Cristo se entregó a sí mismo por ella para hacerla
santa y la purificó lavándola con agua por medio de la
Palabra. Lo hizo así a fin de presentársela a sí mismo
como una iglesia gloriosa, sin manchas ni arrugas ni
nada semejante, sino santa e intachable.

Nadie aborrece su propio cuerpo; antes bien, lo
alimenta y lo cuida con esmero. Cristo hace lo mismo
con ese cuerpo suyo del que formamos parte: la iglesia.
—Efesios 5.23-27, 29, 30

Y ustedes, al estar unidos a él, están llenos de esa plenitud. Además, él es la cabeza y tiene autoridad sobre cualquier principado o potestad.

Sin embargo, no están conectados a Cristo, la cabeza, a la cual nosotros, que formamos su cuerpo, sí estamos unidos. Y lo estamos por medio de fuertes junturas y ligamentos, con lo cual crecemos a medida que Dios nos nutre.

—COLOSENSES 2.10, 19

Así como nuestro cuerpo tiene muchas partes, y cada una desempeña una tarea diferente, así sucede en la iglesia. Somos muchos miembros, pero formamos un solo cuerpo, y entre nosotros hay una dependencia mutua.

—ROMANOS 12.4, 5

El cuerpo humano, aunque es uno, está compuesto de muchos miembros; y esos miembros, aunque son muchos, forman un solo cuerpo. Lo mismo sucede con el cuerpo de Cristo. Hemos sido bautizados en el cuerpo de Cristo por un solo Espíritu, y todos hemos recibido el mismo Espíritu. Algunos somos judíos, otros son gentiles; algunos son esclavos y otros son libres. Pero todos formamos un solo cuerpo.

El cuerpo tiene muchos miembros, no uno solo. Si el pie dice: «No soy miembro del cuerpo porque no soy mano», ¿dejará por eso de ser miembro del cuerpo? Y si la oreja dice: «No soy miembro del cuerpo porque no soy ojo», ¿dejará por eso de pertenecer al cuerpo? Supongamos que el cuerpo entero fuera ojo, ¿cómo oiría? Y si el cuerpo entero fuera una oreja, ¿cómo podría oler? Pero Dios colocó los miembros en el cuerpo como mejor le pareció. ¡Qué extraño sería que el cuerpo tuviera un solo miembro! Pero Dios lo hizo con miembros diversos que, en conjunto, forman un cuerpo.

El ojo jamás podrá decirle a la mano: «No te necesito». Ni la cabeza puede decirle a los pies: «No los necesito». Al contrario, los miembros del cuerpo que parecen más débiles son los más necesarios. Y a los menos importantes, los tratamos con más cuidado; y con esmero tratamos a los que no deben exhibirse. Pero no hacemos lo mismo con los miembros que son más decorosos. Así que Dios armó el cuerpo de tal manera que los miembros que pudieran parecer menos importantes recibieran más honor. Esto hace que no haya divisiones en el cuerpo, sino que cada uno se ocupe de los demás. Si un miembro sufre, los demás miembros sufren con él; y si un miembro recibe algún honor, los demás se regocijan con él.

Todos ustedes forman el cuerpo de Cristo, y cada uno es un miembro necesario de ese cuerpo. Dios ha puesto en su iglesia: apóstoles, que son los primeros, profetas, en segundo lugar, maestros, en tercer lugar, y luego, los que realizan milagros, los que tienen el don de sanar, los que pueden ayudar a los demás, los que pueden administrar, los que hablan en diversas lenguas.

—1 Corintios 12.12-28

Hermanos, les pedimos que respeten a los que trabajan entre ustedes, los guían y reprenden en el

Señor. Estímenlos mucho y ámenlos por el trabajo que
hacen. Vivan en paz unos con otros.

—1 Tesalonicenses 5.12, 13

Acuérdense de quienes los han guiado y les han
anunciado el mensaje de Dios. Piensen en cuál fue el
resultado de vivir como vivieron, e imiten su fe.

Obedezcan a sus líderes y sométanse a ellos, porque
los cuidan a ustedes como quienes tienen que rendir
cuentas. Obedézcanlos para que ellos cumplan su
trabajo con alegría y sin quejarse, pues el quejarse no
les trae ningún provecho.

—Hebreos 13.7, 17

Y a algunos les dio el don de ser apóstoles; a otros,
el don de ser profetas; a otros, el de anunciar las
buenas nuevas; y a otros, el don de pastorear y educar
al pueblo de Dios. Su propósito es que su pueblo esté
perfectamente capacitado para servir a los demás, y
para ayudar al cuerpo de Cristo a crecer.

—Efesios 4.11, 12

Los que creyeron sus palabras, unos tres mil en
total, se bautizaron y se unieron a los demás creyentes
que se congregaban regularmente para escuchar las
enseñanzas de los apóstoles, tener comunión unos con
otros, compartir el pan y orar.

Un profundo temor reverencial vino sobre toda la
gente y los apóstoles seguían realizando milagros y
señales.

Los creyentes permanecían constantemente unidos y compartían entre sí todas las cosas; vendían sus propiedades y repartían el dinero entre los que estaban necesitados. Todos los días se reunían en el templo y en los hogares, compartían los alimentos con regocijo y sencillez de corazón y alababan a Dios. Todo el mundo simpatizaba con ellos y todos los días el Señor añadía a la comunidad a los que habían de ser salvos.

—HECHOS 2.41-47

¡Que admirable, que agradable es que los hermanos vivan juntos en armonía!

—SALMO 133.1

Qué tiene la Biblia para decir en cuanto a

LA MAYORDOMÍA

¿Debe una persona robar a Dios? ¡Claro que no! Pero ustedes me han robado. Y aún se atreven a preguntar: «¿Cuándo te hemos robado?» Ustedes me han robado los diezmos y las ofrendas. Por eso, toda la nación está en la mira de mi castigo, pues todos me están robando.

Traigan todos los diezmos a la tesorería del templo, para que haya alimento suficiente en mi Templo. Si lo hacen, yo abriré las ventanas de los cielos y haré que venga sobre ustedes una benéfica y oportuna lluvia sobre sus campos para que obtengan abundantes cosechas. ¡Los exhorto a que me prueben en esto! Sus cosechas serán grandes, porque yo las cuidaré de los insectos y de las plagas; sus uvas no caerán antes de madurar. Lo digo yo, el SEÑOR Todopoderoso.

Y todas las naciones los llamarán afortunados, porque la suya será una tierra caracterizada por la alegría y la abundancia. Lo digo yo, el SEÑOR Todopoderoso.

—MALAQUÍAS 3.8-12

Estas son las instrucciones en cuanto al dinero que están recogiendo para ayudar a los cristianos, instrucciones que di también a las iglesias de Galacia.

Los domingos cada uno de ustedes aparte algo de lo que ganó durante la semana, y guárdelo.

—1 CORINTIOS 16.1, 2A

Ahora bien, el agricultor que siembra pocas semillas, obtendrá poca cosecha; pero el que siembra mucho, mucho cosechará. Cada uno tiene que determinar cuánto va a dar. Que no sea con tristeza ni porque lo obliguen, porque Dios ama al que da con alegría.

Poderoso es Dios para darles en abundancia sus bendiciones, de tal manera que, siempre y en todas las circunstancias, no sólo tengan para satisfacer las necesidades propias sino también para dar en abundancia a los demás.

—2 CORINTIOS 9.6-8

Hagan lo que hagan, háganlo bien, como si en vez de estar trabajando para amos terrenales estuvieran trabajando para el Señor. Recuerden que el Señor Jesucristo les dará la parte que les corresponde, pues él es el Señor a quien en realidad sirven ustedes.

—COLOSENSES 3.23, 24

¡Háganse tesoros en el cielo, donde no hay polilla ni herrumbre que puedan corromper, ni ladrones que les roben!, pues donde esté tu tesoro, allí también estará tu corazón.

—MATEO 6.20, 21

Den, y les darán a ustedes; es más, les echarán en el regazo una medida llena, apretada, sacudida y repleta. El principio es éste: con la medida con la que midan a los demás los medirán a ustedes.

—LUCAS 6.38

Querido hermano, ruego a Dios que en todo te vaya bien y que tu cuerpo esté tan saludable como lo está tu alma.

—3 JUAN 2

Lo más importante es que primero busquen el reino de Dios y hagan lo que es justo. Así, Dios les proporcionará todo lo que necesiten.

—MATEO 6.33

Y cualquiera que haya dejado hogar, hermanos, hermanas, padre, madre, esposa, hijos, tierras, por seguirme, recibirá cien veces lo que haya dejado, aparte de recibir la vida eterna.

—MATEO 19.29

Curen enfermos, resuciten muertos, sanen leprosos y echen fuera demonios. De la misma manera que ustedes están recibiendo este poder gratuitamente, tampoco cobren por sus servicios.

—MATEO 10.8

Estas son las bendiciones que vendrán sobre ti:
Bendito serás en la ciudad; bendito serás en el campo.
Tendrás muchos niños; abundantes cosechas; grandes rebaños de ovejas y vacas.
Bendiciones de fruta y pan.
Bendiciones cuando entres; bendiciones cuando salgas.

El Señor derrotará a tus enemigos. Ellos vendrán juntos en tu contra, pero delante de ti huirán en siete direcciones. El Señor te bendecirá con grandes cosechas, y te prosperará en todo lo que hagas cuando entres en la tierra que el Señor tu Dios te da.

El Señor te dará abundancia de cosas buenas en la tierra, como lo ha prometido: Muchos hijos, mucho ganado, y cosechas abundantes. Él te abrirá el maravilloso tesoro de las lluvias de los cielos para que tengas ricas cosechas en cada estación. Él te bendecirá en todo lo que hagas; y tú prestarás a muchas naciones, y no tendrás necesidad de pedir prestado de ellas.

—Deuteronomio 28.2-8, 11, 12

Por lo tanto, obedezcan las condiciones de este pacto para que sean prosperados en todo lo que hagan.

—Deuteronomio 29.9

Porque si obedeces cuidadosamente las normas y reglamentos que él dio a Israel por medio de Moisés, vas a prosperar.

—1 Crónicas 22, 13a

Si lo escuchan y obedecen, serán bendecidos con dicha y prosperidad toda su vida.

—Job 36.11

Que no se aparte nunca de tu boca este libro de la ley. Medita en él día y noche y obedécelo al pie de la letra. Solamente así tendrás éxito.

—Josué 1.8

El que da en abundancia, recibe más de lo que dio; pero el que es tacaño, termina en la pobreza. El que es generoso, prospera; el que da a otros, a sí mismo se enriquece.

—PROVERBIOS 11.24, 25

Le contestó Jesús:

—Les aseguro que el que haya dejado casa, hermanos, hermanas, padre, madre, hijos o tierras por amor a mí y por amor al evangelio, recibirá en este mundo cien veces más: casas, hermanos, hermanas, madres, hijos y tierras, aunque con persecuciones. Y en el mundo venidero recibirá la vida eterna.

—MARCOS 10.29, 30

Qué tiene la Biblia para decir en cuanto a
SATANÁS

Tengan cuidado y estén siempre alertas, pues su enemigo, el diablo, anda como león rugiente buscando a quién devorar. Resistan sus ataques manteniéndose firmes en la fe.

—I PEDRO 5.8, 9A

Por último, recuerden que su fortaleza debe venir del gran poder del Señor. Vístanse de toda la armadura que Dios les ha dado, para que puedan hacer frente a los engaños astutos del diablo, porque nuestra lucha no es contra seres humanos, sino contra los poderes, las autoridades y los gobernantes de este mundo en tinieblas; o sea, que luchamos contra los espíritus malignos que actúan en el cielo.

Por ello, vístanse de toda la armadura de Dios para que puedan resistir en el día malo y así, al terminar la batalla, estén todavía en pie.

¡Manténganse firmes! Que su ropa de batalla sea la verdad y su protección la justicia. Estén siempre listos para anunciar las buenas nuevas de la paz. Sobre todo, tomen el escudo de la fe para apagar los dardos de fuego que arroja el maligno. Pónganse el casco de la salvación y tomen la espada que les da el Espíritu, que es la Palabra de Dios.

Sobre todo, oren a Dios en todo tiempo. Y cuando lo hagan, sean dirigidos por el Espíritu. Manténganse

bien despiertos y vigilantes, y no dejen de orar por todo
el pueblo santo de Dios.

—EFESIOS 6.10-18

Por eso, obedezcan a Dios. Pónganle resistencia al
diablo y él huirá de ustedes.

—SANTIAGO 4.7

Sin embargo, vemos a Jesús, que fue hecho un poco
inferior a los ángeles, y lo vemos coronado de gloria y
honra por haber padecido la muerte por nosotros. De
esta forma, por la gracia de Dios, la muerte de Jesús fue
de beneficio para todos.

Por consiguiente, ya que los hijos de Dios son de
carne y hueso, Jesús también compartió esa misma
naturaleza de carne y hueso, para así anular, por medio
de su muerte, al que tiene el dominio de la muerte,
al diablo, y poder librar a los que vivían siempre en
esclavitud por temor a la muerte.

—HEBREOS 2.9, 14, 15

Y ustedes, al estar unidos a él, están llenos de esa
plenitud. Además, él es la cabeza y tiene autoridad
sobre cualquier principado o potestad.

Y así despojó a los seres espirituales que tienen
poder y autoridad, y, por medio de Cristo, los humilló
públicamente y los exhibió en su desfile triunfal.

—COLOSENSES 2.10, 15

Amados míos, no crean nada por el simple hecho
de que les digan que es mensaje de Dios. Pónganlo a

prueba primero, porque en este mundo hay muchos falsos maestros. Para saber si el mensaje que se nos comunica procede del Espíritu Santo, debemos preguntarnos: ¿Reconoce el hecho de que Jesucristo, el Hijo de Dios, se hizo hombre de verdad? Si no lo reconoce, el mensaje no es de Dios sino de alguien que se opone a Cristo, como el anticristo del que oyeron ustedes que vendría, cuyas actitudes hostiles contra Cristo ya se manifiestan en el mundo.

Hijitos, ustedes son de Dios y han ganado ya la primera batalla contra los enemigos de Cristo, porque hay alguien en el corazón de ustedes que es más fuerte que cualquier falso maestro de este perverso mundo.

—1 JUAN 4.1-4

Él nos rescató del reino de las tinieblas y nos trasladó al reino de su Hijo amado.

—COLOSENSES 1.13

Ellos lo vencieron con la sangre del Cordero y por el mensaje del que dieron testimonio, pues teniendo en poco sus vidas, no evitaron la muerte.

—APOCALIPSIS 12.11

Los setenta y dos discípulos regresaron contentos de la misión y dijeron:

—Señor, hasta los demonios nos obedecen cuando les damos órdenes en tu nombre.

Él les respondió:

—Yo vi a Satanás caer del cielo como un rayo. Sí, yo les he dado a ustedes poder para pisotear serpientes y escorpiones, para vencer todo el poder del enemigo, y nada les hará daño.

—LUCAS 10.17-19

Y estas señales acompañarán a los que crean: en mi nombre expulsarán demonios, hablarán nuevas lenguas, tomarán en sus manos serpientes, cuando beban algo venenoso, no les hará daño, pondrán las manos sobre los enfermos y éstos sanarán.

—MARCOS 16.17, 18

Ahora bien, si yo echo fuera los demonios por el poder del Espíritu de Dios, el reino de Dios ha llegado a ustedes.

¿Cómo podrá alguien entrar en la casa de un hombre fuerte y robarle sus bienes, si primero no lo ata? Sólo así podrá robarle.

—MATEO 12.28, 29

Sí, es cierto, vivimos en este mundo, pero nunca actuamos como el mundo para ganar nuestras batallas. Para destruir las fortalezas del mal, no empleamos armas humanas, sino las armas del poder de Dios. Así podemos destruir la altivez de cualquier argumento y cualquier muralla que pretenda interponerse para que el hombre conozca a Dios. De esa manera, hacemos que todo tipo de pensamiento se someta para que obedezca a Cristo.

—2 CORINTIOS 10.3-5

Les escribo estas cosas, padres, porque conocen al que existía desde el principio.

Les escribo, jóvenes, porque han triunfado sobre el maligno.

Les he escrito, queridos hijos, porque han conocido al Padre.

Les he escrito, padres, porque han conocido al que existe desde el principio. Les he escrito, jóvenes, porque ustedes son fuertes, tienen la palabra de Dios arraigada en sus corazones y han vencido al maligno.

—1 JUAN 2.13, 14

El nombre del SEÑOR es una torre poderosa; los justos acuden a ella y están a salvo.

—PROVERBIOS 18.10

El que practica el pecado pertenece al diablo, porque el diablo comenzó a pecar desde el principio. Pero el Hijo de Dios vino a destruir las obras del diablo.

—1 JUAN 3.8

Pronto el Dios de paz aplastará a Satanás bajo sus pies. Que la gracia de nuestro Señor Jesús esté con ustedes.

—ROMANOS 16.20

Qué tiene la Biblia para decir en cuanto a
EL RETORNO DE CRISTO

Hermanos, no queremos que ignoren lo que pasa con los que mueren, para que no se pongan tristes como esos otros que no tienen esperanza.

Si creemos que Jesús murió y después resucitó, entonces también debemos creer que Dios resucitará con Jesús a los que murieron creyendo en él. De acuerdo con lo que el Señor nos enseñó, nosotros les aseguramos que los que estemos vivos cuando el Señor regrese, no nos adelantaremos a los que ya estén muertos. El Señor mismo bajará del cielo con voz de mando, con voz de arcángel y con trompeta de Dios, y los que murieron creyendo en él, serán los que resuciten primero. Luego, los que estemos vivos en ese momento seremos llevados junto con ellos en las nubes, para reunirnos con el Señor en el aire. Y así estaremos con el Señor para siempre. Por eso, anímense unos a otros con estas palabras.

—1 TESALONICENSES 4.13-18

Les voy a revelar ahora un secreto: No todos moriremos, pero todos seremos transformados. Ocurrirá en un abrir y cerrar de ojos, cuando suene la trompeta final. Cuando esa trompeta suene, los que hayan muerto resucitarán con cuerpos nuevos que jamás morirán; y los que estemos vivos seremos transformados.

Porque es imprescindible que este cuerpo corruptible se convierta en un cuerpo incorruptible, y que lo mortal sea inmortal. Cuando así suceda, se cumplirá la siguiente profecía: «Ha sido devorada la muerte por la victoria.

¿Dónde está, oh muerte, tu aguijón?

¿Dónde está, oh sepulcro, tu victoria?»

En efecto, el pecado, que es el aguijón de la muerte, ya no existirá; y la ley, que le da poder al pecado, dejará de juzgarnos. ¡Gracias a Dios que nos da la victoria por medio de Jesucristo, nuestro Señor!

—1 Corintios 15.51-57

—Galileos —les dijeron—, ¿por qué se han quedado mirando al cielo? Jesús regresará de la misma forma en que lo han visto ascender al cielo.

—Hechos 1.11

Con la mirada puesta en el día en que se cumpla la bendita promesa de su venida y se manifieste la gloria de nuestro gran Dios y Salvador Jesucristo.

—Tito 2.13

Antes que nada, deseo recordarles que en los últimos días vendrán burladores que vivirán de acuerdo con sus malos deseos y se mofarán, diciendo: «¡Conque Jesús prometió regresar! ¿Por qué no lo ha hecho ya? ¡Hasta donde podemos recordar, todo ha permanecido exactamente igual desde el primer día de la creación!»

No olviden ustedes, amados hermanos, que para el Señor un día es como mil años, y mil años como un día. El Señor no demora el cumplimiento de su promesa, como algunos suponen. Más bien lo que quiere es que nadie se pierda, por lo que está alargando el plazo para que todos se arrepientan.

Pero el día del Señor llegará como un ladrón. En aquel día, los cielos desaparecerán en medio de un estruendo espantoso, los cuerpos celestes serán destruidos por fuego, y la tierra y lo que en ella hay desaparecerán envueltos en llamas.

Puesto que todo esto va a suceder, ¿no deberían ustedes vivir como Dios manda y tener una conducta que nadie pueda reprochar? Sí, deberíamos vivir esperando la venida del día en que Dios prenderá fuego a los cielos, y los elementos se fundirán envueltos en llamas. Pero nosotros esperamos, según Dios ha prometido, nuevos cielos y una tierra nueva en la que morará la justicia.

—2 PEDRO 3.3, 4, 8-13

Sí, amados míos, ahora somos hijos de Dios, y no podemos ni siquiera imaginarnos lo que vamos a ser después. Pero de algo estamos ciertos: que cuando él venga seremos semejantes a él, porque lo veremos tal como es. El que espera esto se purifica, como Cristo es puro.

—I JUAN 3.2, 3

Habrá señales en el sol, la luna y las estrellas. En la tierra, las naciones estarán angustiadas y confundidas por el bramido del mar y de las olas. Los hombres se desmayarán de terror por el miedo de lo que sucederá con el mundo. Todos los cuerpos celestes serán sacudidos. Entonces verán al Hijo del hombre que viene en una nube con gran poder y gloria. Cuando estas cosas comiencen a suceder, anímense y levanten la cabeza, porque su salvación está cerca.

—Lucas 21.25-28

Una vez sentados en las laderas del monte de los Olivos, los discípulos le preguntaron:

—¿Qué acontecimientos indicarán la cercanía de tu regreso y el fin del mundo?

—No dejen que nadie los engañe —les contestó Jesús—: Muchos vendrán diciendo que son el Mesías y engañarán a un gran número. Cuando oigan rumores de guerras, no crean que ya estarán señalando mi retorno; habrá rumores y habrá guerra, pero todavía no será él fin. Las naciones y los reinos de la tierra pelearán entre sí, y habrá hambrunas y terremotos en diferentes lugares. Pero esto será sólo el principio de los horrores que vendrán. Entonces a ustedes los torturarán, los matarán, los odiarán en todo el mundo por causa de mí, y muchos de ustedes volverán a caer en pecado y traicionarán y aborrecerán a los demás. Muchos falsos profetas se levantarán y engañarán a muchas personas. Habrá tanto pecado y maldad, que el amor de muchos se enfriará. Pero los que se mantengan firmes hasta el fin serán salvos. Las buenas nuevas del reino serán proclamadas en todo el mundo, para que todas las naciones las oigan. Y sólo entonces vendrá el fin.

—Mateo 24.3-14

Porque mi venida será tan visible como un relámpago que cruza el cielo de este a oeste.

Una vez que la persecución de aquellos días haya cesado, «el sol se oscurecerá, la luna no dará su luz, y las estrellas del cielo y los poderes que están sobre la tierra se conmoverán». Entonces aparecerá en el cielo la señal de mi venida, y el mundo entero se ahogará en llanto al verme llegar en las nubes del cielo con poder y gran gloria. Y enviaré a los ángeles delante de mí para que, con toque de trompeta, junten a mis escogidos de todas partes del mundo.

—MATEO 24.27, 29-31

Ahora bien, nadie, ni siquiera los ángeles, sabe el día ni la hora del fin. Sólo el Padre lo sabe. Este mundo incrédulo continuará entregado a sus banquetes y fiestas de bodas hasta el día de mi venida, y le va a pasar lo mismo que a la gente que no quiso creer a Noé hasta que fue demasiado tarde y el diluvio la arrastró. Cuando yo venga, dos hombres estarán trabajando juntos en el campo; uno será llevado y el otro dejado. Dos mujeres estarán realizando sus quehaceres hogareños; una será tomada y la otra dejada. Por lo tanto, deben estar listos, porque no saben cuándo vendrá el Señor. De la misma manera que el padre de familia se mantiene vigilante para que los ladrones no se introduzcan en la casa, ustedes también deben estar vigilantes para que mi regreso no los sorprenda.

—MATEO 24.36-44

También debes saber, Timoteo, que los últimos tiempos serán difíciles. La gente amará sólo el dinero y se amará a sí misma; será orgullosa, jactanciosa, blasfema, desobediente a sus padres, ingrata e impía. Serán tan duras de corazón que jamás cederán ante los demás; serán mentirosas, inmorales, crueles y opuestas a todo lo que es bueno. Traicionarán a sus amigos; serán iracundas, vanidosas y preferirán los placeres antes que a Dios. Aparentarán ser religiosas, pero su conducta desmentirá sus apariencias. ¡No tengas nada que ver con esa gente!

—2 TIMOTEO 3.1-5

Pero el Espíritu dice claramente que en los últimos tiempos algunos se apartarán de la fe y se convertirán en seguidores de ideas engañosas y doctrinas diabólicas. Los propagadores de tales enseñanzas mienten con tanta hipocresía que la conciencia ni siquiera les molesta. Afirmarán que es malo casarse y prohibirán comer ciertos alimentos que Dios ha creado para que los creyentes, los que han conocido la verdad, los coman con acción de gracias.

—1 TIMOTEO 4.1-3

Por lo tanto, te doy este encargo solemne ante Dios y ante Jesucristo, que juzgará a los vivos y a los muertos cuando venga en su reino: Con urgencia predica la palabra de Dios; hazlo sea o no sea oportuno; corrige, reprende y anima con mucha paciencia, sin dejar de enseñar. Llegará el momento en que la gente no querrá escuchar la sana enseñanza, sino que, guiada por sus propios deseos, se rodeará de maestros que le digan lo que desea oír. Estas personas, en vez de escuchar la verdad, se volverán a los mitos. Por eso, tú mantente vigilante en todas las circunstancias, no temas sufrir, dedícate a la evangelización, cumple con los deberes de tu ministerio.

Yo, por mi parte, dentro de muy poco seré ofrecido en sacrificio y partiré a estar con el Señor. He peleado la buena batalla, he llegado al final de la carrera y me he mantenido fiel. Por lo demás, me espera la corona de justicia que el Señor, juez justo, me dará en aquel gran día. Y no sólo a mí, sino a todos los que con amor esperan su venida.

—2 TIMOTEO 4.1-8

Sólo entonces terminará esta era de maldad.

—MATEO 24.34

No se angustien. Confíen en Dios, y confíen también en mí. En la casa de mi Padre hay muchas viviendas; si no fuera así, no les habría dicho que voy a prepararles un lugar. Y si me voy a prepararles un lugar, volveré para llevármelos conmigo. Así ustedes estarán donde yo esté. Ustedes ya conocen el camino para ir a donde yo voy.

—JUAN 14.1-4

Qué tiene la Biblia para decir en cuanto a
LOS NO SALVOS

Es así porque todos hemos pecado y no tenemos derecho a gozar de la gloria de Dios.

—ROMANOS 3.23

Por el pecado de un hombre, el pecado entró en el mundo, y por el pecado llegó la muerte. Y como todos pecaron, la muerte ha pasado a todos.

—ROMANOS 5.12

Porque si bien la paga del pecado es muerte, el regalo que nos da Dios es vida eterna a través de Jesucristo nuestro Señor.

—ROMANOS 6.23

Pero Dios muestra desde el cielo su ira contra la injusticia y la maldad de la gente que, por su injusticia, impide que la verdad se manifieste. Lo que se puede conocer de Dios, ellos lo conocen, pues Dios mismo se los ha revelado. Desde que el mundo fue creado, la humanidad ha contemplado toda la creación que le muestra el eterno poder de Dios y el hecho de que él es verdaderamente Dios. Así, lo invisible de Dios se deja ver por medio de la creación visible, por lo que nadie podrá excusarse diciendo que no sabía si Dios existía o no.

—ROMANOS 1.18-20

Dios, no obstante, nos demostró su amor al enviar a Cristo a morir por nosotros, aun cuando éramos pecadores.

—ROMANOS 5.8

El Señor no demora el cumplimiento de su promesa, como algunos suponen. Más bien lo que quiere es que nadie se pierda, por lo que está alargando el plazo para que todos se arrepientan.

—2 PEDRO 3.9

Dios no envió a su Hijo para condenar al mundo, sino para salvarlo por medio de él.

—JUAN 3.17

Yo no he venido a llamar a los justos para que se arrepientan, sino a los pecadores.

—LUCAS 5.32

En efecto, el Hijo del hombre vino a buscar y a salvar a los que se habían perdido.

—LUCAS 19.10

Jesús le dijo:
—Te aseguro que si una persona no nace de nuevo no podrá ver el reino de Dios.

—JUAN 3.3

Dios amó tanto al mundo, que dio a su único Hijo, para que todo el que cree en él no se pierda, sino tenga vida eterna.

—JUAN 3.16

Entonces le contaron delante de sus familiares las buenas noticias del Señor.

—HECHOS 16.32

Les dijo: Vayan por todo el mundo y anuncien las buenas nuevas a toda criatura. El que crea y sea bautizado será salvo, pero el que no crea será condenado.

—MARCOS 16.15, 16

El Espíritu del Señor está sobre mí, porque me ha ungido para dar buenas noticias a los pobres. Me ha enviado para anunciar libertad a los presos y dar vista a los ciegos, para poner en libertad a los oprimidos, para anunciar el año en que el Señor nos dará su favor.

—LUCAS 4.18. 19

Verdades de la Biblia
acerca de. . .

Verdades de la Biblia acerca de
PERDONAR A OTROS

Su Padre celestial los perdonará si perdonan a los que les hacen mal; pero si se niegan a perdonarlos, su Padre no los perdonará a ustedes.

—MATEO 6.14, 15

Pedro se le acercó y le preguntó:

—Señor, ¿cuántas veces debo perdonar a un hermano que haga algo malo contra mí? ¿Debo perdonarlo siete veces?

—¡No! —respondió Jesús—, ¡perdónalo hasta setenta veces siete si es necesario!

—MATEO 18.21, 22

Así que, ¡tengan cuidado!

Si tu hermano peca, repréndelo; y si se arrepiente, perdónalo.

—LUCAS 17.3

Pero cuando oren, perdonen a los que les hayan hecho algo, para que el Padre que está en el cielo les perdone a ustedes sus pecados.

—MARCOS 11.25

Sopórtense unos a otros y perdonen a quienes se quejen de ustedes. Si el Señor los perdonó, ustedes están obligados a perdonar.

—COLOSENSES 3.13

Hermanos, no pienso que yo ya lo haya alcanzado. Más bien, sigo adelante trabajando, me olvido de lo que quedó atrás y me esfuerzo por alcanzar lo que está adelante. De esta manera sigo adelante hacia la meta, para ganar el premio que Dios ofrece por medio de su llamado celestial en Cristo Jesús.

—FILIPENSES 3.13, 14

Pero olvídense de todo esto: ¡eso no es nada comparado con lo que voy a hacer! Voy a realizar algo enteramente nuevo. ¡Miren, ya he comenzado! ¿No lo ven? Abriré camino a través del desierto del mundo para que mi pueblo vuelva a su patria, y para ellos crearé ríos en el desierto.

—ISAÍAS 43.18, 19

Pues es digno de elogio que alguien, por ser responsable ante Dios, soporte penas y sufrimientos injustamente. Pero ustedes no tendrán ningún mérito si los maltratan por hacer lo malo. En cambio, si sufren por hacer lo bueno, eso es algo que a Dios le agrada. Para esto los llamó, para que así como Cristo sufrió por ustedes y les dio el ejemplo, ustedes sigan sus pasos.

«Cristo no cometió ningún pecado ni engañó jamás a nadie».

Cuando lo insultaban, él no respondía con insultos. Cuando lo hacían sufrir, no los amenazaba, sino que se entregaba a Dios y dejaba que él juzgara con justicia.

—1 PEDRO 2.19-23

¡Dichosos los que sufren persecución por ser justos, porque el reino de los cielos les pertenece!

Dichosos ustedes cuando alguien los ofenda o persiga o diga todo tipo de mentiras contra ustedes por ser mis discípulos. ¡Alégrense mucho, porque en el cielo les espera una gran recompensa! Así fue como persiguieron a los profetas antiguos.

—MATEO 5.10-12

Sabemos que el Señor dijo: «Yo soy el que se vengará; yo pagaré». Y también dijo: «El Señor juzgará a su pueblo».

—HEBREOS 10.30

Queridos hermanos, no se sorprendan del fuego de la prueba por el que están pasando, como si fuera algo extraño. Al contrario, alégrense de tener parte en los sufrimientos de Cristo, para que también se alegren muchísimo cuando se muestre la gloria de Cristo. Dichosos ustedes si los insultan por causa de Cristo, porque el glorioso Espíritu de Dios está siempre con ustedes.

—1 PEDRO 4.12-14

Pero yo les digo: ¡Amen a sus enemigos! ¡Oren por quienes los persiguen!

—MATEO 5.44

No te dejes, pues, vencer por el mal, sino vence el mal haciendo el bien.

—ROMANOS 12.21

No le hagan mal al que les hizo mal ni insulten al que los insultó. Al contrario, bendíganlo, porque Dios los eligió a ustedes para que reciban bendición.

El que quiere amar la vida y pasar días felices, cuide
su lengua de hablar el mal y sus labios de engañar.

—1 PEDRO 3.9, 10

Arrojen de ustedes la amargura, el enojo, la ira,
los gritos, las calumnias y todo tipo de maldad.
Al contrario, sean bondadosos entre ustedes, sean
compasivos y perdónense las faltas los unos a los otros,
de la misma manera que Dios los perdonó a ustedes
por medio de Cristo.

—EFESIOS 4.31, 32

Verdades de la Biblia acerca de
LA CAMARADERÍA CRISTIANA

La predicamos a ustedes para que junto con nosotros participen también de la comunión que disfrutamos con el Padre y con Jesucristo, su Hijo.

Pero si, al igual que Cristo, vivimos en la luz, entre nosotros habrá compañerismo, y la sangre de Jesucristo el Hijo de Dios nos limpiará de todo pecado.

—1 JUAN 1.3, 7

Y vivan amando a los demás, siguiendo el ejemplo de Cristo, que nos amó y se entregó por nosotros en sacrificio, como ofrenda de perfume agradable a Dios.

Así hablarán entre ustedes con salmos e himnos y cantos espirituales, y elevarán al Señor alabanzas y cantos de todo corazón.

Nadie aborrece su propio cuerpo; antes bien, lo alimenta y lo cuida con esmero. Cristo hace lo mismo con ese cuerpo suyo del que formamos parte: la iglesia.

—EFESIOS 5.2, 19, 29-30

Mantengan vívidas en su memoria las enseñanzas de Cristo en toda su abundancia, y enséñense y aconséjense unos a otros con toda sabiduría. Transmítanlas a otros, con salmos, himnos y cánticos espirituales elevados al Señor con corazones agradecidos.

—COLOSENSES 3.16

Mi lucha es para que se animen, que estén unidos estrechamente por las fuertes ataduras del amor, y que alcancen la rica experiencia de una genuina certidumbre y clara comprensión, porque el plan secreto de Dios, que ya por fin ha sido revelado, es Cristo mismo.

—COLOSENSES 2.2

Entonces los que respetaban y amaban al SEÑOR hablaron de él a sus compañeros. Y el SEÑOR anotó en un libro de memorias los nombres de los que honran y respetan su fama.

—MALAQUÍAS 3.16

Ese mismo día, dos de ellos se dirigían a un pueblo llamado Emaús, a unos once kilómetros de Jerusalén. Iban conversando de todo lo que había pasado. Mientras hablaban y discutían, Jesús mismo se acercó y empezó a caminar con ellos.

—LUCAS 24.13-15

Como disfrutábamos nuestra amistad mientras juntos caminábamos a la casa de Dios.

—SALMO 55.14

Voy a estar por muy poco tiempo en el mundo, pero ellos están todavía en el mundo, y yo vuelvo a ti.

Padre santo, cuídalos con el poder de tu nombre, el nombre que me diste, para que estén unidos así como tú y yo.

Te ruego que todos estén unidos. Padre, así como tú estás en mí y yo en ti, permite que ellos también estén en nosotros, para que el mundo crea que tú me has enviado. Yo les he dado la gloria que me diste, para que estén unidos, así como nosotros estamos unidos, yo unido a ellos y tú unido a mí. Permite que ellos lleguen a la perfección en la unidad, así el mundo reconocerá que tú me enviaste, y que los amas a ellos tal como me amas a mí.

—JUAN 17.11, 21-23

Cuando llegó el día de Pentecostés, los creyentes estaban juntos reunidos.

Los que creyeron sus palabras, unos tres mil en total, se bautizaron y se unieron a los demás creyentes que se congregaban regularmente para escuchar las enseñanzas de los apóstoles, tener comunión unos con otros, compartir el pan y orar.

Todos los días se reunían en el templo y en los hogares, compartían los alimentos con regocijo y sencillez de corazón y alababan a Dios. Todo el mundo simpatizaba con ellos y todos los días el Señor añadía a la comunidad a los que habían de ser salvos.

—HECHOS 2.1, 41,42, 46, 47

¡Que Dios, que da aliento y perseverancia, les ayude a vivir juntos en armonía, tal como Cristo nos dio el ejemplo! ¡Y que podamos así, juntos y a una voz, glorificar a Dios, el Padre de nuestro Señor Jesucristo!

Así que, para gloria de Dios, trátense en la iglesia con el mismo afecto con que Cristo los ha recibido.

—ROMANOS 15.5-7

Pero, amados hermanos, les suplico en el nombre de nuestro Señor Jesucristo que no discutan más, que reine entre ustedes la armonía y cesen las divisiones. Les ruego encarecidamente que mantengan la unidad en sus pensamientos y propósitos.

—1 CORINTIOS 1.10

Ayúdense unos a otros a llevar sus cargas y así estarán obedeciendo la ley de Cristo.

Por lo tanto, hagamos el bien a todos cada vez que se presente la oportunidad, y especialmente a los que, por la fe, son de la familia.

—GÁLATAS 6.2, 10

Por eso, ustedes ya no son extraños ni extranjeros, sino ciudadanos junto con los santos y miembros de la familia de Dios. ¡Y sobre qué firme cimiento están edificados! ¡Nada menos que el de los apóstoles y profetas, y con Cristo mismo como piedra angular! Unidos a Cristo formamos parte del bien armado edificio, que va construyéndose hasta que sea el templo santo del Señor. Ustedes, pues, unidos a él, forman también parte de ese lugar en el que Dios mora por medio de su Espíritu.

—EFESIOS 2.19-22

Cada vez que me acuerdo de ustedes doy gracias a mi Dios.

Pase lo que pase, vivan de manera digna, de acuerdo con el evangelio de Cristo, porque ya sea que vaya a verlos o que, estando ausente, sólo reciba noticias de

ustedes, sabré que siguen firmes y unidos, luchando
juntos por la fe del evangelio.

—FILIPENSES 1.3, 27

Así que, si se sienten animados al estar unidos a
Cristo, si sienten algún consuelo en su amor, si todos
tienen el mismo Espíritu, si tienen algún afecto
verdadero, llénenme de alegría poniéndose de acuerdo
unos con otros, amándose entre ustedes y estando
unidos en alma y pensamiento.

—FILIPENSES 2.1, 2

Tratemos de ayudarnos unos a otros para animarnos
al amor y a hacer el bien. No dejemos de reunirnos,
como algunos acostumbran hacer, sino animémonos
unos a otros, y con mayor razón cuando vemos que
aquel día se acerca.

—HEBREOS 10.24, 25

Verdades de la Biblia acerca de
TUS RESPONSABILIDADES

Y les dijo: «Vayan por todo el mundo y anuncien las buenas nuevas a toda criatura».

—MARCOS 16.15

Sin embargo, cuando el Espíritu Santo descienda sobre ustedes recibirán poder para ser mis testigos no sólo en Jerusalén, sino también en toda Judea, en Samaria y hasta lo último de la tierra.

—HECHOS 1.8

Ustedes son la sal del mundo. Si la sal pierde el sabor, ¿para qué va a servir? ¡Sólo para que la boten y la pisoteen por inservible!

Ustedes son la luz del mundo. Una ciudad asentada sobre un monte no puede esconderse. Nadie enciende una lámpara para esconderla bajo un cajón, sino que la pone en alto para que alumbre a todos los que están en la casa.¡Así dejen ustedes brillar su luz ante toda la gente! ¡Que las buenas obras que ustedes realicen brillen de tal manera que la gente adore al Padre celestial!

—MATEO 5.13-16

Porque tuve hambre y me dieron de comer; tuve sed y me dieron de beber; fui forastero y me alojaron en sus casas; estuve desnudo y me vistieron; enfermo y en prisión, y me visitaron.

Y los justos me preguntarán: «Señor, ¿cuándo te vimos con hambre y te alimentamos, o sediento y te dimos de beber? ¿Cuándo te vimos forastero y te alojamos en casa, o desnudo y te vestimos? ¿Y cuándo te vimos enfermo o en prisión y te visitamos?»

Yo, el Rey, les responderé: «Todo lo que hicieron a mis hermanos necesitados a mí me lo hicieron».

—MATEO 25.35-40

Y el que le dé al más humilde de mis discípulos un vaso de agua por el simple hecho de que es mi discípulo recibirá su recompensa: esto se lo aseguro yo a ustedes.

—MATEO 10.42

Dios no es injusto. ¿Cómo podría él olvidar el ardor con que ustedes han trabajado o el amor que le han demostrado y le siguen demostrando al ayudar a los del pueblo santo?

—HEBREOS 6.10

La religión pura y sin mancha que a Dios le agrada es ésta: ayudar a los huérfanos y a las viudas en sus problemas, y estar siempre limpio sin mancharse con la maldad del mundo.

—SANTIAGO 1.27

Por ejemplo: un hermano o una hermana no tiene ropa para vestirse y tampoco tiene el alimento necesario para cada día. Si uno de ustedes le dice: «Que te vaya bien, abrígate y come todo lo que quieras», pero no le da lo que necesita su cuerpo, ¿de qué le sirve? Así pasa también con la fe: por sí sola, sin acciones, está muerta.

—SANTIAGO 2.15-17

La gente le preguntaba:

—¿Entonces qué debemos hacer?

Y Juan les contestaba:

—El que tiene dos trajes, debe compartir con el que no tiene ninguno. El que tiene comida, compártala con el que no tiene.

—LUCAS 3.10, 11

Hermanos, si descubren que alguno ha pecado, ustedes, que son espirituales, deben ayudarlo a volver al buen camino con actitud humilde. Pero cada uno debe cuidarse, porque también puede ser puesto a prueba.

Ayúdense unos a otros a llevar sus cargas y así estarán obedeciendo la ley de Cristo.

El que se crea demasiado grande cuando en realidad no es nada, se engaña a sí mismo. Cada uno debe examinar su conducta; y si tiene algo de qué sentirse orgulloso, que no se compare con nadie. Cada cual tiene que cargar con su propia responsabilidad.

Los que estudian la Palabra de Dios deben ayudar económicamente a sus maestros.

—GÁLATAS 6.1-6

Al morir por nosotros, Cristo nos demostró lo que es el amor. Nosotros también debemos dar la vida por nuestros hermanos. Pero si alguien está bien económicamente y no ayuda a su hermano que está en necesidad, ¿cómo puede haber amor de Dios en él? Hijitos míos, que nuestro amor no sea sólo de palabra ni de labios para afuera, sino que amemos de veras y demostrémoslo con hechos.

—I JUAN 3.16-18

Debes pensar constantemente en estos mandamientos que te doy en este día. Debes enseñarlos a tus hijos y hablar de ellos cuando estás en casa o cuando caminas con ellos; al acostarte y al levantarte. Átalos en tu mano y llévalos en la frente, escríbelos en la puerta de tu casa y en los portones de tu ciudad.

—DEUTERONOMIO 6.6-9

El que no se ocupa de los suyos, especialmente de los de su propia familia, ha negado la fe y es peor que un infiel.

—I TIMOTEO 5.8

Enséñale al niño a elegir el camino correcto, y cuando sea viejo no lo abandonará.

—PROVERBIOS 22.6

Guarden estos mandamientos cuidadosamente en su memoria y en todo su ser. Átenlos en su mano para que se acuerden de obedecerlos, átenlos en su frente entre sus dos ojos. Enséñenselos a sus hijos. Hablen de ellos cuando estén sentados en su casa, cuando estén afuera caminando, a la hora de acostarse, y al levantarse.

—DEUTERONOMIO 11.18, 19

Verdades de la Biblia acerca de
HABLAR LA PALABRA DE DIOS

Les aseguro que si alguien le dice a este monte que se mueva y se arroje al mar, y no duda que va a suceder, el monte lo obedecerá.

—MARCOS 11.23

El Señor les respondió:

—Si la fe que ustedes tienen fuera tan pequeña como un grano de mostaza, podrían decirle a este árbol: «Saca tus raíces de aquí y plántate en el mar», y el árbol les obedecería.

—LUCAS 17.6

Jesús se levantó, reprendió a los vientos y dijo a las olas:

—¡Silencio! ¡Cálmense!

Los vientos cesaron y todo quedó en calma.

—MARCOS 4.39

Por la fe sabemos que Dios formó el universo por medio de su palabra; así que lo que ahora vemos fue hecho de lo que no podía verse.

—HEBREOS 11.3

Yo no he hablado por mi propia cuenta, ha sido el Padre que me envió el que me ordenó qué decir y cómo decirlo, y sé bien que su mandamiento es vida eterna.

Así que todo lo que les he dicho es lo que el Padre me ha ordenado decir.

—JUAN 12.49, 50

Levantaré de en medio de ellos un profeta como tú. Yo le diré lo que tiene que decir y él les dirá todo lo que yo ordene.

—DEUTERONOMIO 18.18

Bendigan al SEÑOR, ustedes sus ángeles, ustedes poderosas criaturas que escuchan y cumplen cada uno de sus mandatos.

—SALMO 103.20

Al sabio de corazón, se le llama inteligente; los labios convincentes promueven el saber.

De la mente del sabio provienen palabras sabias; sus palabras promueven la enseñanza.

Las palabras amables son como la miel, endulzan el alma y dan salud al cuerpo.

El perverso anda en busca de la maldad; sus palabras son como fuego devorador.

El que guiña el ojo planea hacer lo malo; el que se muerde los labios ya lo llevó a cabo.

—PROVERBIOS 16.21, 23, 24, 27, 30

Las palabras del hombre son aguas profundas; las palabras de sabiduría son como un arroyo refrescante.

La boca del necio es su ruina; sus labios son una trampa mortal.

El hombre se llena con el fruto de su boca, y se sacia con lo que habla.

La lengua tiene poder para vida o para muerte; los que la aman sufrirán las consecuencias.

—PROVERBIOS 18.4, 7, 20, 21

¡La boca expresa lo que hay en el corazón!

Les aseguro que en el día del juicio van a dar cuenta de las cosas que digan descuidadamente. Lo que una persona diga ahora determina lo que le espera: o será justificada por sus palabras ¡o por ellas será condenada!

—MATEO 12.34B, 36, 37

Si alguien se cree religioso pero no controla su lengua, se engaña a sí mismo, y su religión no sirve para nada.

—SANTIAGO 1.26

Hay quienes hieren con sus palabras, pero las palabras del sabio traen alivio.

—PROVERBIOS 12.18

Sigamos firmes en la esperanza que profesamos, porque él cumplirá la promesa que nos hizo.

—HEBREOS 10.23

Más bien, nosotros predicamos el mensaje de fe que la Escritura enseña:

«El mensaje está a tu alcance, en tu boca y en tu corazón».

Si declaras con tu boca que Jesús es el Señor y crees de corazón que Dios lo levantó de entre los muertos, Dios te salvará. Porque a quien cree de corazón, Dios lo da por justo; y a quien reconoce a Jesús, Dios lo salva.

—ROMANOS 10.8-10

Con esa actitud de quienes creen en Dios, nosotros declaramos lo que creemos. Como está escrito: «Creí y por eso hablé».

—2 CORINTIOS 4.13

Conviertan sus arados en espadas y sus hoces en lanzas. Que el débil diga: «¡Soy fuerte!»

—JOEL 3.10

El que habla el bien, cosechará el bien, pero los traidores tienen hambre de violencia.

El que cuida sus palabras, cuida su vida; el que descuida sus palabras provoca su propia ruina.

—PROVERBIOS 13.2, 3

Verdades de la Biblia acerca de
CÓMO HALLAR
LA VOLUNTAD DE DIOS

Si a alguno de ustedes le falta sabiduría, pídasela a Dios. Él se la dará, porque Dios da a todos en abundancia sin hacer ningún reproche.

—SANTIAGO 1.5

El SEÑOR dice: Yo te instruiré y te guiaré por el mejor camino para tu vida; yo te aconsejaré y velaré por ti.

—SALMO 32.8

Tu palabra es una lámpara a mis pies, y una luz en mi sendero.

—SALMO 119.105

Adonde vayas, te servirán de guía; mientras estés dormido, te protegerán; al despertar, te aconsejarán. Porque estos mandamientos y enseñanzas son lámpara que alumbra tu camino delante de ti; su corrección y consejos son el camino de la vida.

—PROVERBIOS 6.22, 23

Pero cuando venga el Espíritu de la verdad, él los guiará a toda la verdad, porque él no hablará por su propia cuenta, sino que dirá sólo lo que oiga y les anunciará las cosas que van a pasar.

—JUAN 16.13

Y si abandonan las sendas de Dios y se extravían, escucharán tras ustedes una voz que dirá:

—No, éste es el camino, caminen por aquí.

—ISAÍAS 30.21

Este Dios es nuestro Dios por los siglos de los siglos. Él será, nuestro guía hasta que muramos.

—SALMO 48.14

Que no se aparte nunca de tu boca este libro de la ley. Medita en él día y noche y obedécelo al pie de la letra. Solamente así tendrás éxito.

—JOSUÉ 1.8

Pon en manos del SEÑOR todo lo que haces, y tus planes tendrán éxito.

—PROVERBIOS 16.3

Los pasos de los buenos son guiados por el SEÑOR. Él se deleita en cada paso que dan.

—SALMO 37.23

Sí, tú eres mi roca y mi fortaleza; honra el nombre tuyo sacándome de este peligro.

—SALMO 31.3

Yo, el SEÑOR, los guiaré de continuo, y les daré de comer en el desierto y siempre tendrán fuerzas. Serán como huerto bien regado, como manantial que fluye sin cesar.

—ISAÍAS 58.11

Enviaste tu generoso espíritu para que les enseñara, y no dejaste de darles pan del cielo o agua para la sed.

—NEHEMÍAS 9.20

Confía en el SEÑOR con todo tu corazón, y no confíes en tu propia inteligencia. Busca la voluntad del SEÑOR en todo lo que hagas, y él dirigirá tus caminos.

—PROVERBIOS 3.5, 6

El SEÑOR, su Redentor, el Santo de Israel, dice: Yo soy el SEÑOR Dios de ustedes, que los castiga para su bien y que los guía por la senda que deben seguir.

—ISAÍAS 48.17

Verdades de la Biblia acerca de
LA ORACIÓN RESPONDIDA

⚬⚬⚬————————————————⚬⚬⚬

Yo les responderé aun antes de que me invoquen; mientras estén aún contándome sus necesidades, yo procederé a contestar sus súplicas.

—ISAÍAS 65.24

Pidan y se les concederá lo que pidan. Busquen y hallarán. Toquen y se les abrirá la puerta. Porque todo el que pide, recibe; y el que busca, halla; y al que llama, se le abrirá.

—MATEO 7.7, 8

Cualquier cosa que pidan en oración la recibirán, si de veras creen.

—MATEO 21.22

También quiero decirles que si dos de ustedes se ponen de acuerdo aquí en la tierra acerca de algo que quieran pedir en oración, mi Padre que está en los cielos se lo concederá, porque dondequiera que estén dos o tres reunidos en mi nombre, allí estaré yo.

—MATEO 18.19, 20

Todo lo que ustedes pidan en mi nombre, yo lo haré; así el Padre será glorificado en el Hijo.

—JUAN 14.13

Por eso les digo que todo lo que pidan en oración, crean que lo recibirán, y así será.

—MARCOS 11.24

Si ustedes siguen unidos a mí y mis palabras permanecen en ustedes, pueden pedir lo que quieran y se les dará.

—JUAN 15.7

Cuando llegue ese día ya no me preguntarán nada. Les aseguro que mi Padre les dará todo lo que le pidan en mi nombre.

—JUAN 16.23

Acerquémonos, pues, confiadamente al trono del Dios de amor, para encontrar allí misericordia y gracia en el momento en que las necesitemos.

—HEBREOS 4.16

Deléitate en el SEÑOR. Así él te dará lo que tu corazón anhela.

—SALMO 37.4

Cuando me llame, yo responderé; estaré con él en la angustia, lo libraré y lo honraré.

—SALMO 91.15

El SEÑOR está cerca de cuantos lo llaman, sí, de todos los que llaman sinceramente. Él cumple los deseos de quienes le temen; escucha su clamor de auxilio y los rescata.

—SALMO 145.18, 19

El Señor está lejos de los malos, pero escucha las oraciones de los justos.

—PROVERBIOS 15.29

Pregúntame y yo te revelaré algunos importantes secretos acerca de lo que habrá de ocurrir aquí.

—JEREMÍAS 33.3

Pero cuando ustedes oren, háganlo a solas, a puerta cerrada; y el Padre de ustedes, que conoce todos los secretos, los recompensará.

—MATEO 6.6

Y cualquier cosa que le pidamos la recibiremos, porque obedecemos sus mandamientos y hacemos lo que le agrada.

—1 JUAN 3.22

Verdades de la Biblia acerca de
SERES QUERIDOS
NO CONVERTIDOS

—Cree en el Señor Jesucristo y serán salvos tú y tu familia —le respondieron.

—HECHOS 16.31

El ángel le aseguró que yo le diría cómo él y su familia podrían alcanzar la salvación.

—HECHOS 11.14

Asimismo, mi Padre no quiere que ninguno de estos pequeños se pierda.

—MATEO 18.14

Yo proveeré agua abundante para su sed y para sus campos resecos. Y yo derramaré mi Espíritu y mis bendiciones sobre sus hijos.

—ISAÍAS 44.3

El Señor no demora el cumplimiento de su promesa, como algunos suponen. Más bien lo que quiere es que nadie se pierda, por lo que está alargando el plazo para que todos se arrepientan.

—2 PEDRO 3.9

Pónganlo todo a prueba, pero retengan sólo lo bueno. Eviten toda clase de mal.

—1 TESALONICENSES 5.21, 22

Así mismo, esposas, obedezcan a sus esposos, para que al obedecerlos, si alguno de ellos no cree en la palabra pueda convencerlo el comportamiento de ustedes más que sus palabras, al ver ellos su conducta honesta y respetuosa.

—1 PEDRO 3.1, 2

Y si una cristiana tiene un esposo que no es creyente, y él desea vivir con ella, que ella no se divorcie de él. El esposo incrédulo queda santificado por la unión con su esposa creyente. Y la esposa no creyente queda santificada por la unión con su esposo creyente. Si así no fuera, sus hijos serían impuros, pero en realidad son parte del pueblo santo.

Pero si el cónyuge incrédulo desea irse, dejen que se vaya. El cónyuge cristiano queda sin obligación, porque Dios nos ha llamado a vivir en paz. A fin de cuentas, no sabes, mujer, si tu esposo va a convertirse si se queda; y lo mismo digo al esposo en cuanto a la esposa.

—1 CORINTIOS 7.13-16

¿Quién entre ustedes teme al SEÑOR y obedece a su siervo? Si alguno de ustedes anduviere en tinieblas, sin un solo rayo de luz, confíe en el SEÑOR, pónganse en las manos de su Dios.

—ISAÍAS 50.10

Ha anunciado su victoria y ha revelado su justicia a cada nación.

—SALMO 98.2

Lleva tus cargas al SEÑOR, él te sostendrá. No permitirá que el santo resbale o caiga.

—SALMO 55.22

Practiquen la justicia y el derecho, dice el SEÑOR, porque pronto vengo a demostrarles mi poder liberador.

—ISAÍAS 56.1

Pero les digo la verdad: A ustedes les conviene que me vaya, porque si no lo hago, el Consolador no vendrá a ustedes; en cambio, si me voy, yo se lo enviaré. Y cuando él venga, convencerá al mundo de su error en cuanto al pecado, a la justicia y al juicio.

—JUAN 16.7, 8

Enséñale al niño a elegir el camino correcto, y cuando sea viejo no lo abandonará.

—PROVERBIOS 22.6

El que los llama es fiel, y por eso hará todo lo que ha dicho.

—1 TESALONICENSES 5.24

Verdades de la Biblia acerca de
EL MATRIMONIO

Dios el Señor dijo: «No es bueno que el hombre esté solo. Le voy a hacer una compañera que sea de ayuda para él en todas sus necesidades».

—GÉNESIS 2.18

Es por eso que el hombre deja a su padre y a su madre y se casa con su mujer, y los dos llegan a ser como una sola persona.

—GÉNESIS 2.24

El hombre que encuentra esposa, halla algo bueno; con eso el Señor le ha mostrado su favor.

—PROVERBIOS 18.22

Cásense y tengan hijos e hijas, y luego búsquenles consorte y tengan muchos nietos y nietas. ¡Multiplíquense! ¡No mermen!

—JEREMÍAS 29.6

Te convertiré en mi esposa para siempre y te daré como regalos la rectitud, la justicia, el amor y la misericordia. Me comprometeré contigo en fidelidad y amor, y me conocerás verdaderamente como tu Señor.

—OSEAS 2.19, 20

Pero por lo general es mejor que cada hombre tenga su propia mujer y que cada mujer tenga su propio marido, para evitar caer en pecado.

El hombre debe satisfacer los derechos conyugales de su esposa; y lo mismo la esposa respecto de su esposo. La mujer no tiene derecho sobre su cuerpo, porque éste le pertenece a su esposo. Tampoco el hombre tiene derecho sobre su cuerpo; pues le pertenece a su esposa.

—1 Corintios 7.2-4

Por eso, exhorto a las viudas jóvenes a que se casen de nuevo, que tengan hijos y que lleven bien su hogar. Así el enemigo no podrá hablar mal de ellas.

—1 Timoteo 5.14

Todos deben respetar el matrimonio y ser fieles en sus relaciones matrimoniales, porque Dios juzgará a los adúlteros y a todos los que cometen inmoralidades sexuales.

—Hebreos 13.4

Las mujeres deben someterse a sus esposos al igual que se someten al Señor. Porque el esposo es cabeza de la esposa, de la misma manera que Cristo es cabeza y salvador de ese cuerpo suyo que es la iglesia. Así que las esposas deben estar sujetas en todo a sus esposos, así como la iglesia lo está a Cristo.

Los esposos, por su parte, deben mostrar a sus esposas el mismo amor que Cristo mostró a su iglesia. Cristo se entregó a sí mismo por ella para hacerla santa y la purificó lavándola con agua por medio de la

Palabra. Lo hizo así a fin de presentársela a sí mismo como una iglesia gloriosa, sin manchas ni arrugas ni nada semejante, sino santa e intachable. Así deben amar los esposos a sus esposas: como aman a su propio cuerpo. ¡El hombre que ama a su esposa se ama a sí mismo! Nadie aborrece su propio cuerpo; antes bien, lo alimenta y lo cuida con esmero. Cristo hace lo mismo con ese cuerpo suyo del que formamos parte: la iglesia.

«Por eso, el hombre dejará a su padre y a su madre y se unirá a su mujer, y los dos serán como una sola persona».

Sé que esto es como un misterio difícil de entender; pero ilustra la manera en que Cristo se relaciona con la iglesia. Así que, repito, el esposo debe amar a su esposa como a sí mismo; y la esposa debe respetar a su esposo.

—Efesios 5.22-33

Así mismo, esposas, obedezcan a sus esposos, para que al obedecerlos, si alguno de ellos no cree en la palabra pueda convencerlo el comportamiento de ustedes más que sus palabras.

—1 Pedro 3.1

En cuanto a ustedes, esposos, sean comprensivos con sus esposas. Trate cada uno a su esposa con respeto, ya que como mujer es más delicada y comparte, junto con ustedes, la herencia de la vida eterna. Al hacer esto nada estorbará sus oraciones.

—1 Pedro 3.7

Verdades de la Biblia acerca de
EL DIVORCIO

⁂ ─────────────────────────── ⁂

También está escrito: «El que quiera separarse de su esposa, debe darle un certificado de divorcio». Pero yo les digo que el hombre que se divorcia de su esposa, excepto cuando ésta haya sido infiel, hace que ella cometa adulterio y que el que se case con ella también lo cometa.

—MATEO 5.31, 32

Varios fariseos, en una entrevista, trataron de hacerlo caer en la trampa de decir algo que luego ellos pudieran utilizar contra él.

—¿Apruebas el divorcio? —le preguntaron.

—Y ustedes, ¿no leen las Escrituras? —les respondió—. En ellas está escrito que al principio Dios creó al hombre y a la mujer, y que el hombre debe abandonar al padre y a la madre para unirse a su esposa. Los dos serán uno, no dos. Y ningún hombre debe separar lo que Dios juntó.

—Entonces, ¿por qué dice Moisés que uno puede romper los lazos matrimoniales con su esposa siempre y cuando le dé una carta de divorcio? —le preguntaron.

Y él les replicó: —Moisés se vio obligado a reglamentar el divorcio por la dureza y la perversidad de su pueblo, pero Dios nunca ha querido que sea así. Es más: les digo que si alguno se divorcia de su esposa, a no ser en los casos en que ésta le haya sido infiel,

comete adulterio si se casa con otra. Y el que se casa
con la divorciada, también comete adulterio.

—MATEO 19.3-9

Varios fariseos se le acercaron y le preguntaron:

—¿Es correcto que un hombre se divorcie de su
mujer? Trataban de tenderle una celada.

—¿Qué les ordenó Moisés? —les preguntó Jesús.

—Moisés permitió que el hombre le escriba a
la esposa una carta de divorcio y la despida, —le
respondieron.

Pero Jesús les dijo:

—Moisés dio ese mandamiento por la dureza del
corazón de ustedes. Pero al principio de la creación,
Dios creó al hombre y a la mujer. «Por eso, el hombre
debe separarse de su padre y de su madre y unirse a su
mujer y los dos serán uno solo». Así que ya no son dos
sino una sola carne. Por tanto, lo que Dios juntó que
no lo separe el hombre.

Cuando regresó con los discípulos a la casa,
volvieron a hablar del asunto.

—Si un hombre se divorcia de su esposa y se casa
con otra —les dijo Jesús—, comete adulterio contra
la primera. Y si una mujer se divorcia del esposo y se
vuelve a casar, también comete adulterio.

—MARCOS 10.2-12

Todo hombre que se divorcia de su esposa y se casa
con otra, comete adulterio; y el que se casa con la
divorciada, también comete adulterio.

—LUCAS 16.18

Para los casados tengo una orden, y la orden no es mía, sino del Señor: La esposa no debe separarse del esposo, y si se separa, quédese sin casar o reconcíliese con su esposo. El esposo, por su parte, no debe divorciarse de su esposa.

A los demás les digo yo, ya que esto no lo ha ordenado el Señor: Si un cristiano tiene una esposa que no es creyente, y ella desea continuar con él, él no debe divorciarse de ella. Y si una cristiana tiene un esposo que no es creyente, y él desea vivir con ella, que ella no se divorcie de él. El esposo incrédulo queda santificado por la unión con su esposa creyente. Y la esposa no creyente queda santificada por la unión con su esposo creyente. Si así no fuera, sus hijos serían impuros, pero en realidad son parte del pueblo santo.

Pero si el cónyuge incrédulo desea irse, dejen que se vaya. El cónyuge cristiano queda sin obligación, porque Dios nos ha llamado a vivir en paz. A fin de cuentas, no sabes, mujer, si tu esposo va a convertirse si se queda; y lo mismo digo al esposo en cuanto a la esposa.

Pero al tomar cualquier decisión, traten de vivir de acuerdo con la condición que el Señor les asignó y a la cual Dios los ha llamado. Esto ordeno en todas las iglesias.

—1 CORINTIOS 7.10-17

Si un hombre se casa y halla en su esposa algo indecoroso que no le agrada, puede escribir una carta en que declara que se ha divorciado de ella. Le dará a ella la carta y la despedirá. En caso de que ella se

case otra vez y el nuevo marido también se divorcie
de ella, o muera, el primer marido no podrá tomarla
nuevamente porque ella está contaminada. Esto
pervertiría la tierra que el SEÑOR tu Dios te da.

—DEUTERONOMIO 24.1-4

Hay una ley según la cual quien se divorcia de una
mujer que luego se casa con otro, no debe volver a
tomarla, pues ella queda mancillada. Pero aunque
tú me has abandonado y te has juntado con muchos
amantes, yo te he instado a que vuelvas a mí, dice el
SEÑOR.

—JEREMÍAS 3.1

Verdades de la Biblia acerca de
TU FAMILIA

—Cree en el Señor Jesucristo y serán salvos tú y tu familia —le respondieron.

—HECHOS 16.31

Pero si les parece mal servir al SEÑOR, escojan hoy a quién van a servir, si a los dioses que sus antepasados adoraban más allá del Éufrates o a los dioses de los amorreos de esta tierra. Pero yo y los de mi casa serviremos al SEÑOR.

—JOSUÉ 24.15

Arrojen de ustedes la amargura, el enojo, la ira, los gritos, las calumnias y todo tipo de maldad. Al contrario, sean bondadosos entre ustedes, sean compasivos y perdónense las faltas los unos a los otros, de la misma manera que Dios los perdonó a ustedes por medio de Cristo.

—EFESIOS 4.31, 32

Enséñale al niño a elegir el camino correcto, y cuando sea viejo no lo abandonará.

—PROVERBIOS 22.6

Honra a tu padre y a tu madre, para que tengas una vida larga y buena en la tierra que el SEÑOR tu Dios te da.

—ÉXODO 20.12

Sométanse unos a otros por respeto a Cristo. Las mujeres deben someterse a sus esposos al igual que se someten al Señor. Porque el esposo es cabeza de la esposa, de la misma manera que Cristo es cabeza y salvador de ese cuerpo suyo que es la iglesia. Así que las esposas deben estar sujetas en todo a sus esposos, así como la iglesia lo está a Cristo.

Los esposos, por su parte, deben mostrar a sus esposas el mismo amor que Cristo mostró a su iglesia. Cristo se entregó a sí mismo por ella para hacerla santa y la purificó lavándola con agua por medio de la Palabra. Lo hizo así a fin de presentársela a sí mismo como una iglesia gloriosa, sin manchas ni arrugas ni nada semejante, sino santa e intachable. Así deben amar los esposos a sus esposas: como aman a su propio cuerpo. ¡El hombre que ama a su esposa se ama a sí mismo! Nadie aborrece su propio cuerpo; antes bien, lo alimenta y lo cuida con esmero. Cristo hace lo mismo con ese cuerpo suyo del que formamos parte: la iglesia.

«Por eso, el hombre dejará a su padre y a su madre y se unirá a su mujer, y los dos serán como una sola persona».

Sé que esto es como un misterio difícil de entender; pero ilustra la manera en que Cristo se relaciona con la iglesia. Así que, repito, el esposo debe amar a su esposa como a sí mismo; y la esposa debe respetar a su esposo.

Hijos, obedezcan a sus padres, pues esto es lo que deben hacer los que pertenecen al Señor. «Honra a tu padre y a tu madre» es el primer mandamiento que contiene una promesa: «para que te vaya bien y disfrutes una vida larga».

Y en cuanto a ustedes, padres, no hagan enojar a sus hijos. Más bien edúquenlos como quiere el Señor, con disciplina y consejos.

—EFESIOS 5.21 – 6.4

Debe gobernar bien su familia y hacer que sus hijos le obedezcan con el debido respeto, porque no puede cuidar la iglesia quien no puede gobernar su propia familia.

—1 TIMOTEO 3.4, 5

Los hijos son un regalo de Dios, recompensa suya son. Los hijos de padre joven son como flechas en manos del guerrero. Dichoso el hombre que tiene su aljaba llena de esta clase de flechas. No será avergonzado cuando se enfrente a sus enemigos a las puertas de la ciudad.

—SALMO 127.3-5

Su predicación hará que los padres y los hijos se reconcilien, que lleguen a compartir las mismas buenas intenciones y sean impulsados por las mismas buenas motivaciones. Así, cuando yo llegue, no tendré que castigarlos, destruyendo completamente su país.

—MALAQUÍAS 4.6

Los nietos son la corona del anciano; los padres el orgullo de sus hijos.

—PROVERBIOS 17.6

Debes pensar constantemente en estos mandamientos que te doy en este día. Debes enseñarlos a tus hijos y hablar de ellos cuando estás en casa o cuando caminas con ellos; al acostarte y al levantarte. Átalos en tu mano y llévalos en la frente, escríbelos en la puerta de tu casa y en los portones de tu ciudad.

—DEUTERONOMIO 6.6-9

Disciplina a tu hijo y te dará paz y traerá tranquilidad a tu alma.

—PROVERBIOS 29.17

Y en cuanto a ustedes, padres, no hagan enojar a sus hijos. Más bien edúquenlos como quiere el Señor, con disciplina y consejos.

—EFESIOS 6.4

El hombre bueno deja herencia a sus nietos; las riquezas del pecador se quedan para los justo.

—PROVERBIOS 13.22

Dichosos todos los que temen al SEÑOR, y siguen sus caminos. Disfrutarás el fruto de tu trabajo; gozarás de dicha y prosperidad.

En tu hogar, tu esposa será como vid llena de uvas alrededor de tu mesa, tus hijos serán jóvenes olivos. Esa es la recompensa de Dios para los que le temen.

—SALMO 128.1-4

El padre del justo tiene de qué alegrarse. Qué felicidad es tener un hijo sabio.

—PROVERBIOS 23.24

Y yo seré el maestro de todos tus ciudadanos y grande será la prosperidad de ellos.

—ISAÍAS 54.13

Verdades de la Biblia acerca de
LAS ESPOSAS

❧━━━━━━━━━━━━━━━━━━━━━━━━━━━━❧

El hombre que encuentra esposa, halla algo bueno;
con eso el SEÑOR le ha mostrado su favor.

—PROVERBIOS 18.22

Así mismo, esposas, obedezcan a sus esposos, para
que al obedecerlos, si alguno de ellos no cree en la
palabra pueda convencerlo el comportamiento de
ustedes más que sus palabras, al ver ellos su conducta
honesta y respetuosa.

No busquen ustedes la belleza externa que producen
adornos tales como peinados exagerados, joyas de oro
y vestidos lujosos. Procuren más bien la belleza pura, la
que viene de lo íntimo del corazón y que consiste en un
espíritu afectuoso y tranquilo. Ésta es la que tiene valor
delante de Dios. Ese era el adorno de las mujeres santas
en el pasado, las que confiaban en Dios y obedecían a
sus esposos.

Sara, por ejemplo, obedecía a Abraham y lo llamaba
su señor. Si ustedes hacen el bien y no tienen miedo de
nada, es que son hijas de ella.

En cuanto a ustedes, esposos, sean comprensivos con
sus esposas. Trate cada uno a su esposa con respeto,
ya que como mujer es más delicada y comparte, junto
con ustedes, la herencia de la vida eterna. Al hacer esto
nada estorbará sus oraciones.

—1 PEDRO 3.1-7

Date buena vida con la mujer que amas en los fugaces días de la vida, pues la esposa que Dios te da es la mejor recompensa por tu trabajo aquí en la tierra.

—ECLESIASTÉS 9.9

El hombre debe satisfacer los derechos conyugales de su esposa; y lo mismo la esposa respecto de su esposo.

—1 CORINTIOS 7.3

¡Bendita sea tu esposa, la mujer de tu juventud! Ella es una gacela amorosa y agradable. ¡Que sus pechos te dejen siempre satisfecho! ¡Que su amor siempre te cautive!

—PROVERBIOS 5.18, 19

Esposas, sométanse a sus esposos, porque así lo ha dispuesto el Señor.

—COLOSENSES 3.18

En tu hogar, tu esposa será como vid llena de uvas alrededor de tu mesa, tus hijos serán jóvenes olivos.

—SALMO 128.3

Sométanse unos a otros por respeto a Cristo. Las mujeres deben someterse a sus esposos al igual que se someten al Señor. Porque el esposo es cabeza de la esposa, de la misma manera que Cristo es cabeza y salvador de ese cuerpo suyo que es la iglesia. Así que las esposas deben estar sujetas en todo a sus esposos, así como la iglesia lo está a Cristo.

Los esposos, por su parte, deben mostrar a sus esposas el mismo amor que Cristo mostró a su iglesia.

Cristo se entregó a sí mismo por ella para hacerla santa y la purificó lavándola con agua por medio de la Palabra. Lo hizo así a fin de presentársela a sí mismo como una iglesia gloriosa, sin manchas ni arrugas ni nada semejante, sino santa e intachable. Así deben amar los esposos a sus esposas: como aman a su propio cuerpo. ¡El hombre que ama a su esposa se ama a sí mismo! Nadie aborrece su propio cuerpo; antes bien, lo alimenta y lo cuida con esmero. Cristo hace lo mismo con ese cuerpo suyo del que formamos parte: la iglesia.

«Por eso, el hombre dejará a su padre y a su madre y se unirá a su mujer, y los dos serán como una sola persona».

Sé que esto es como un misterio difícil de entender; pero ilustra la manera en que Cristo se relaciona con la iglesia. Así que, repito, el esposo debe amar a su esposa como a sí mismo; y la esposa debe respetar a su esposo.
—EFESIOS 5.21-33

Mujer ejemplar, ¿dónde se hallará? ¡Vale más que las piedras preciosas! Su esposo puede confiar plenamente en ella y no le faltan ganancias. Ella no es un estorbo para él, sino una ayuda todos los días de su vida. Sale en busca de lana y lino, y alegremente trabaja con sus manos. Es como un barco mercante, que trae su alimento desde muy lejos. Madruga para preparar el desayuno a su familia, y les asigna las tareas del día a sus criadas. Sale a inspeccionar un terreno y lo compra, con sus ganancias planta un viñedo. Está llena de vitalidad, y está lista para trabajar. Se complace con la prosperidad de sus negocios, y no se apaga su lámpara en la noche.

Sus manos están ocupadas hilando y tejiendo. Les tiende su mano en ayuda a los pobres y necesitados. No le preocupa que nieve, pues todos los de su casa andan bien abrigados. Ella misma hace sus colchas, y se viste de púrpura y lino fino. Su esposo es bien conocido en la comunidad, pues se sienta entre las autoridades de la ciudad.

Ella hace ropa de lino y cinturones, y los vende a los comerciantes. Está revestida de fuerza y dignidad, y no le teme al futuro. Cuando habla, sus palabras son sabias, cuando enseña, lo hace siempre con amor. Observa con cuidado lo que sucede en su casa, y no come el pan por el que no ha trabajado. Sus hijos se levantan y la bendicen, su esposo la alaba diciendo: «¡Hay muchas mujeres ejemplares, pero tú eres la mejor de todas!»

Los encantos pueden engañar y la belleza no dura, pero la mujer que honra al Señor es digna de alabanza.

¡Alábenla por todo lo que ha hecho y públicamente reconozcan sus obras!

—Proverbios 31.10-31

La mujer ejemplar es gozo y corona de su marido, pero la que es mala lo destruye.

—Proverbios 12.4

La mujer sabia construye su casa; la necia la destruye con sus propias manos.

—Proverbios 14.1

La casa y la riqueza se heredan de los padres, pero la esposa inteligente es un regalo del Señor.

—Proverbios 19.14

Verdades de la Biblia acerca de
LAS VIUDAS

La religión pura y sin mancha que a Dios le agrada es ésta: ayudar a los huérfanos y a las viudas en sus problemas, y estar siempre limpio sin mancharse con la maldad del mundo.

—SANTIAGO 1.27

Ayudaba a quienes estaban a punto de perecer, y ellos me bendecían. Y yo ponía en el corazón de las viudas un canto de alegría.

—JOB 29.13

Que hace justicia a los huérfanos y a las viudas; que ama al exiliado y le da alimento y vestido.

—DEUTERONOMIO 10.18

El SEÑOR destruye la casa del orgulloso, pero protege la propiedad de la viuda.

—PROVERBIOS 15.25

El SEÑOR protege al extranjero, y cuida al huérfano y a la viuda pero desbarata los planes de los malvados.

—SALMO 146.9

(Pero yo cuidaré de tus huérfanos que queden, y haré que sus viudas confíen en mí.)

—JEREMÍAS 49.11

Porque tu Creador será el «esposo» tuyo. Señor Todopoderoso es su nombre; él es tu Redentor, el Santo de Israel, el Dios de toda la tierra.

—Isaías 54.5

La esposa está ligada al esposo mientras éste vive; si el esposo muere, puede volver a casarse, con tal que se case con un cristiano. Pero en mi opinión será más feliz si no se vuelve a casar; y creo que cuando digo esto les estoy dando el consejo del Espíritu de Dios.

—1 Corintios 7.39, 40

Él sana a los quebrantados de corazón y les venda las heridas.

—Salmo 147.3

Él es padre del huérfano; él hace justicia a las viudas, es Dios en su santa morada.

—Salmo 68.5

No los voy a dejar huérfanos; volveré a estar con ustedes.

—Juan 14.18

«Maldito sea el que hace injusticia con el exiliado, el huérfano y la viuda». Y todo el pueblo responderá: «Amén».

—Deuteronomio 27.19

Ya que es así, ofrezcamos continuamente a Dios un sacrificio de alabanza por medio de Jesucristo; es decir, confesemos su nombre con nuestros labios.

—Hebreo 13.15

Y enséñenles a obedecer los mandamientos que les
he dado. De una cosa podrán estar seguros: Estaré con
ustedes siempre, hasta el fin del mundo.

—MATEO 28.20

Eso mismo les pasa a ustedes, ahora están tristes,
pero cuando vuelva a verlos se alegrarán y nadie podrá
quitarles esa alegría.

—JUAN 16.22

Verdades de la Biblia acerca de
LOS SOLTEROS

Te convertiré en mi esposa para siempre y te daré como regalos la rectitud, la justicia, el amor y la misericordia.

—OSEAS 2.19

Pero a los solteros y a las viudas les digo que deberían quedarse como yo.

—I CORINTIOS 7.8

Pero al tomar cualquier decisión, traten de vivir de acuerdo con la condición que el Señor les asignó y a la cual Dios los ha llamado. Esto ordeno en todas las iglesias.

—I CORINTIOS 7.17

Desde luego, al que esté casado no se le ocurra divorciarse. Pero si no lo está, mejor es que no se apure a casarse. Y si de todas maneras resuelve casarse, está bien, no peca; y si una muchacha decide casarse, no es pecado. Sin embargo, el matrimonio les traerá problemas adicionales, que yo quiero evitarles.

—I CORINTIOS 7.27, 28

Lo que deseo es que estén libres de preocupaciones. El soltero está libre para trabajar para el Señor y meditar en cómo agradarle. El casado, en cambio, tiene que ocuparse de sus responsabilidades terrenas y de cómo agradar a su esposa.

Digo esto para ayudarles, no para ponerles ataduras. Deseo que hagan lo que sea más decente y que vivan consagrados al Señor.

—I CORINTIOS 7.32, 33, 35

Pero el que se mantiene firme en su propósito, domina sus deseos y voluntad, y ha decidido que no debe casarse, hace bien.

—I CORINTIOS 7.37

Todos deben respetar el matrimonio y ser fieles en sus relaciones matrimoniales, porque Dios juzgará a los adúlteros y a todos los que cometen inmoralidades sexuales.

—HEBREOS 13.4

Confía en el SEÑOR con todo tu corazón, y no confíes en tu propia inteligencia. Busca la voluntad del SEÑOR en todo lo que hagas, y él dirigirá tus caminos.

—PROVERBIOS 3.5, 6

Deléitate en el SEÑOR. Así él te dará lo que tu corazón anhela.

—SALMO 37.4

Así sucede también con ustedes, hermanos míos: por estar unidos a Cristo, están muertos para la ley. Y esto, a fin de que ahora estén unidos a aquel que

resucitó de entre los muertos, para producir buenos
frutos para Dios.

—ROMANOS 7.4

Cada uno debe examinar su conducta; y si tiene algo
de qué sentirse orgulloso, que no se compare con nadie.

—GÁLATAS 6.4

Al entendimiento, el dominio propio; al dominio
propio, la paciencia; a la paciencia, la devoción a Dios;
a la devoción a Dios, el afecto fraternal; y al afecto
fraternal, el amor.
Si ustedes tienen estas virtudes y las desarrollan,
éstas los ayudarán a crecer y conocer más a nuestro
Señor Jesucristo, y los harán más fructíferos y útiles.

—2 PEDRO 1.6-8

Verdades de la Biblia acerca de
LOS ANCIANOS

Yo seré su Dios en toda su vida. Sí, hasta que su cabello se encanezca por la edad. Yo los hice y yo los cuidaré, los llevaré en mis manos y seré su Salvador.

—ISAÍAS 46.4

Oh Dios, tú me has enseñado desde mi más tierna niñez, y yo constantemente he dado a otros testimonio de las maravillosas obras que haces. Y ahora que estoy viejo y canoso, no me abandones, oh Dios. Déjame contarle a esta nueva generación, y a los que vienen después de mí, de todos tus poderosos milagros.

—SALMO 71.17, 18

La gloria de los jóvenes está en su fuerza, la honra de los ancianos está en sus canas.

—PROVERBIOS 20.29

Las canas son corona de gloria y se obtienen viviendo una vida justa.

—PROVERBIOS 16.31

Aun en su vejez producirán fruto y estarán llenos de vida y verdor.

—SALMO 92.14

Porque ellos te darán una larga vida y te traerán felicidad.

—PROVERBIOS 3.2

Le daré muchos años de vida y le daré mi salvación.

—SALMO 91.16

Fui joven y estoy viejo, y en todos mis años jamás vi al justo en la miseria; tampoco he visto a los hijos de los justos pasar hambre.

—SALMO 37.25

No amen el dinero. Estén contentos con lo que tienen, porque Dios ha dicho:
«Nunca te dejaré; jamás te abandonaré».

—HEBREOS 13.5

Después de todo, cuando el Señor Jesús regrese, ¿de qué estaremos orgullosos o alegres? ¿Cuál será nuestra esperanza? Si no son ustedes, ¿quién será?

—1 TESALONICENSES 2.19

Aun cuando atraviese el negro valle de la muerte, no tendré miedo, pues tú irás siempre muy junto a mí. Tu vara de pastor y tu cayado me protegen y me dan seguridad.

—SALMO 23.4

Cuando los pobres y menesterosos busquen agua sin hallarla, y tengan la lengua reseca de sed, yo responderé cuando clamen a mí. Yo, el Dios de Israel, no los abandonaré jamás.

—ISAÍAS 41.17

Sólo entonces podrás olvidar tu desdicha. Todo eso quedará en el pasado.

—JOB 11.16

Entonces, ¿por qué desalentarse? ¿Por qué estar desanimado y triste? ¡Espera en Dios! ¡Aún lo alabaré de nuevo! ¡Él es mi Salvador y mi Dios!

—SALMO 42.5

Estoy convencido de que nada podrá apartarnos de su amor; ni la muerte, ni la vida, ni los ángeles, ni los demonios, ni lo presente, ni lo que está por venir, ni los poderes, ni lo alto, ni lo profundo, ni cosa alguna de toda la creación. ¡Nada podrá separarnos del amor que Dios nos ha demostrado en Cristo Jesús, nuestro Señor!

—ROMANOS 8.38, 39

Porque desde que el mundo es mundo nadie vio ni oyó jamás de un Dios como el nuestro, que se manifiesta en favor de los que en él confían.

—ISAÍAS 64.4

Tu bondad e inagotable generosidad me acompañarán toda la vida, y después viviré en tu casa para siempre.

—SALMO 23.6

QUÉ PUEDES HACER PARA. . .

Qué puedes hacer para
CRECER ESPIRITUALMENTE

Más bien, crezcan en el amor y en el conocimiento de nuestro Señor y Salvador Jesucristo.

¡A él sea dada la gloria ahora y hasta la eternidad! Amén.

—2 PEDRO 3.18

Como niños recién nacidos busquen con ansias la leche pura de la palabra. Así, por medio de ella crecerán en su salvación, ahora que han probado lo bueno que es el Señor.

—1 PEDRO 2.2, 3

Haz todo lo que sea posible para presentarte ante Dios aprobado, como un obrero que no tiene de qué avergonzarse porque interpreta correctamente la palabra de Dios.

—2 TIMOTEO 2.15

Sé diligente en estos asuntos; entrégate de lleno al cumplimiento de tu deber para que todos vean tus progresos.

—1 TIMOTEO 4.15

Así que, sigamos adelante a otras cosas y, como adultos, dejemos a un lado las primeras enseñanzas acerca de Cristo. No repitamos otra vez las primeras lecciones sobre cómo volvernos a Dios, sobre las acciones que llevan a la muerte, sobre la fe en Dios.

—HEBREOS 6.1

Por eso, deben esforzarse para añadir a su fe una buena conducta; a la buena conducta, el entendimiento; al entendimiento, el dominio propio; al dominio propio, la paciencia; a la paciencia, la devoción a Dios; a la devoción a Dios, el afecto fraternal; y al afecto fraternal, el amor.
Si ustedes tienen estas virtudes y las desarrollan, éstas los ayudarán a crecer y conocer más a nuestro Señor Jesucristo, y los harán más fructíferos y útiles.

—2 PEDRO 1.5-8

Por ello me arrodillo ante el Padre, de quien recibe su nombre toda familia —tanto las que están en el cielo como las que están en la tierra—, y le pido que de sus gloriosas riquezas los fortalezca interiormente por medio de su Espíritu.
Pido también que, por medio de la fe, Cristo habite en sus corazones, y que ustedes echen raíces y se cimienten en el amor, para que puedan entender, en compañía de todo el pueblo santo, lo ancho, largo, alto y profundo que es el amor de Cristo. Pido que ustedes experimenten ese amor, que nunca podremos entender del todo. Así estarán completamente llenos de Dios.

—EFESIOS 3.14-19

Por eso, desde el primer momento que lo supimos, hemos estado orando y pidiendo a Dios que les ayude

a entender plenamente la voluntad divina, y que les
dé la sabiduría e inteligencia que vienen del Espíritu.
Así podrán agradar y honrar al Señor en todo; harán
toda clase de buenas obras y conocerán cada día más
y mejor a Dios. Además, estarán llenos del grande y
glorioso poder divino para perseverar a pesar de las
circunstancias adversas.

—COLOSENSES 1.9-11

Mantengan vívidas en su memoria las enseñanzas
de Cristo en toda su abundancia, y enséñense
y aconséjense unos a otros con toda sabiduría.
Transmítanlas a otros, con salmos, himnos y
cánticos espirituales elevados al Señor con corazones
agradecidos.

—COLOSENSES 3.16

Así que todos nosotros, con el rostro descubierto,
reflejamos la gloria del Señor como si fuéramos espejos.
Y el Espíritu del Señor nos va transformando de gloria
en gloria, y cada vez nos parecemos más a él.

—2 CORINTIOS 3.18

Pero los justos florecerán como la palmera, y
crecerán como los cedros del Líbano.

—SALMO 92.12

El que comenzó tan buena obra en ustedes la irá
perfeccionando hasta el día en que Jesucristo regrese.
De esto estoy seguro.

Lo que pido en mis oraciones es que el amor de

ustedes sea cada vez más grande y que su conocimiento y buen juicio crezcan, para que sepan elegir lo que es mejor y para que vivan de una manera limpia y sin reproche hasta el día cuando Cristo regrese.

—Filipenses 1.6, 9, 10

Así dejaremos de ser como niños que cambian de creencias cada vez que alguien les dice algo diferente o logra astutamente que sus mentiras parezcan verdades. Más bien, al vivir la verdad con amor, creceremos y cada vez seremos más semejantes en todo a Cristo, que es nuestra Cabeza.

—Efesios 4.14, 15

Qué puedes hacer para

CAMBIAR EL MUNDO

Ustedes son la luz del mundo. Una ciudad asentada sobre un monte no puede esconderse. Nadie enciende una lámpara para esconderla bajo un cajón, sino que la pone en alto para que alumbre a todos los que están en la casa. ¡Así dejen ustedes brillar su luz ante toda la gente! ¡Que las buenas obras que ustedes realicen brillen de tal manera que la gente adore al Padre celestial!

—MATEO 5.14-16

Y aquellos que son sabios brillarán como brilla la bóveda celeste, y los que enseñen a muchos la práctica de la justicia resplandecerán por siempre, como lo hacen las estrellas.

—DANIEL 12.3

Y les dijo: «Vayan por todo el mundo y anuncien las buenas nuevas a toda criatura. El que crea y sea bautizado será salvo, pero el que no crea será condenado. Y estas señales acompañarán a los que crean: en mi nombre expulsarán demonios, hablarán nuevas lenguas, tomarán en sus manos serpientes, cuando beban algo venenoso, no les hará daño, pondrán las manos sobre los enfermos y éstos sanarán».

Después de hablar con ellos, el Señor Jesús fue llevado al cielo y se sentó a la derecha de Dios.

Los discípulos salieron a predicar por todas partes. El Señor los ayudaba y confirmaba su palabra acompañándola con señales.

—MARCOS 16.15-20

Sin embargo, cuando el Espíritu Santo descienda sobre ustedes recibirán poder para ser mis testigos no sólo en Jerusalén, sino también en toda Judea, en Samaria y hasta lo último de la tierra.

—HECHOS 1.8

El Espíritu del Señor está sobre mí, porque me ha ungido para dar buenas noticias a los pobres. Me ha enviado para anunciar libertad a los presos y dar vista a los ciegos, para poner en libertad a los oprimidos.

—LUCAS 4.18

Les aseguro que el que cree en mí hará las mismas obras que yo hago, y hará obras todavía mayores porque yo vuelvo al Padre.

—JUAN 14.12

Tú eres Pedro, y sobre esta roca edificaré mi iglesia, y los poderes del infierno no prevalecerán contra ella. Te daré las llaves del reino de los cielos: la puerta que cierres en la tierra se cerrará en el cielo; y la puerta que abras en la tierra se abrirá en el cielo.

—MATEO 16.18, 19

Les doy este mandamiento nuevo: que se amen unos a otros. Así como yo los amo, ustedes deben amarse

unos a otros. Si se aman unos a otros, todos se darán
cuenta de que son mis discípulos.

—JUAN 13.34, 35

Pero nosotros somos hijos de Dios; el que es de Dios
nos presta atención, pero el que no, no. Y aquí tienen
otra manera de saber si determinado mensaje procede
de Dios: si procede de Dios, el mundo no lo escuchará.
Sabemos cuánto nos ama Dios porque hemos sentido
ese amor y porque le creemos cuando nos dice que nos
ama profundamente. Dios es amor, y el que vive en
amor vive en Dios y Dios en él.
Y al vivir en Cristo, nuestro amor se perfecciona
cada vez más, de tal manera que en el día del juicio
no nos sentiremos avergonzados ni apenados, sino que
podremos mirarlo con confianza y gozo, sabiendo que
él nos ama y que nosotros lo amamos también.

—1 JUAN 4.6, 16, 17

Porque el que es hijo de Dios puede vencer el pecado
y las inclinaciones al mal, confiando en la ayuda que
Cristo puede ofrecerle. ¡Nadie podrá jamás vencer en
esta lucha sin creer que Jesús es el Hijo de Dios!

—1 JUAN 5.4, 5

La fe es la seguridad de recibir lo que se espera, es
estar convencido de lo que no se ve.
Gracias a su fe, nuestros antepasados recibieron la
aprobación de Dios. Por la fe sabemos que Dios formó
el universo por medio de su palabra; así que lo que
ahora vemos fue hecho de lo que no podía verse.

Ellos, por la fe, conquistaron reinos, hicieron justicia y recibieron lo que se les prometió, cerraron bocas de leones, apagaron grandes fuegos y escaparon del filo de la espada, sacaron fuerzas de la debilidad y llegaron a ser tan poderosos en la guerra que hicieron huir a los ejércitos extranjeros.

—Hebreos 11.1-3, 33, 34

Ustedes son la sal del mundo.

—Mateo 5.13a

Dios amó tanto al mundo, que dio a su único Hijo, para que todo el que cree en él no se pierda, sino tenga vida eterna.

—Juan 3.16

Por lo tanto, vayan y hagan discípulos en todas las naciones. Bautícenlos en el nombre del Padre, del Hijo y del Espíritu Santo, y enséñenles a obedecer los mandamientos que les he dado. De una cosa podrán estar seguros: Estaré con ustedes siempre, hasta el fin del mundo.

—Mateo 28.19, 20

Qué puedes hacer para
AYUDARTE EN LOS NEGOCIOS

Que no se aparte nunca de tu boca este libro de la ley. Medita en él día y noche y obedécelo al pie de la letra. Solamente así tendrás éxito.

—JOSUÉ 1.8

El SEÑOR, su Redentor, el Santo de Israel, dice: Yo soy el SEÑOR Dios de ustedes, que los castiga para su bien y que los guía por la senda que deben seguir.

—ISAÍAS 48.17

Querido hermano, ruego a Dios que en todo te vaya bien y que tu cuerpo esté tan saludable como lo está tu alma.

—3 JUAN 2

Recuerda siempre que el SEÑOR tu Dios es el que te da el poder para obtener las riquezas, y él lo hace para cumplir la promesa hecha a tus antepasados.

—DEUTERONOMIO 8.18

Confía en el SEÑOR con todo tu corazón, y no confíes en tu propia inteligencia. Busca la voluntad del SEÑOR en todo lo que hagas, y él dirigirá tus caminos.

No creas que eres tan sabio como para no tenerle miedo al mal. Honra al SEÑOR y huye del mal, así llenarás tu cuerpo con salud y vigor.

Honra al Señor con tus riquezas y con los primeros frutos de tus cosechas. Así tus graneros se llenarán hasta reventar, y tus bodegas rebosarán de vino nuevo.

—Proverbios 3.5-10

Yo voy a donde cada hombre, que pisa la tierra, debe ir algún día. Confío en que serás un sucesor poderoso y digno. Obedece las leyes de Dios y sigue todos sus caminos; guarda cada uno de los mandamientos escritos en la ley de Moisés, para que prosperes en todo lo que hagas y en todo lo que emprendas.

—1 Reyes 2.2, 3

Lo más importante es que primero busquen el reino de Dios y hagan lo que es justo. Así, Dios les proporcionará todo lo que necesiten.

—Mateo 6.33

Porque si obedeces cuidadosamente las normas y reglamentos que él dio a Israel por medio de Moisés, vas a prosperar. ¡Sé enérgico y valiente, entusiasta y sin miedo!

—1 Crónicas 22.13

Si obedeces completamente todas estas ordenanzas del Señor tu Dios, las leyes que te estoy dando en este día, el Señor te convertirá en la nación más grande del mundo. Estas son las bendiciones que vendrán sobre ti:

Bendito serás en la ciudad; bendito serás en el campo.

Tendrás muchos niños; abundantes cosechas; grandes rebaños de ovejas y vacas.

Bendiciones de fruta y pan.

Bendiciones cuando entres; bendiciones cuando salgas.

El Señor te bendecirá con grandes cosechas, y te prosperará en todo lo que hagas cuando entres en la tierra que el Señor tu Dios te da.

El Señor te dará abundancia de cosas buenas en la tierra, como lo ha prometido: Muchos hijos, mucho ganado, y cosechas abundantes. Él te abrirá el maravilloso tesoro de las lluvias de los cielos para que tengas ricas cosechas en cada estación. Él te bendecirá en todo lo que hagas; y tú prestarás a muchas naciones, y no tendrás necesidad de pedir prestado de ellas. Si escuchas y obedeces los mandamientos del Señor tu Dios que te estoy dando en este día, él hará que tú seas cabeza y no cola, y que estés siempre encima y nunca debajo.

—Deuteronomio 28.1-6, 8, 11-13

Sin embargo, les animamos a que se amen todavía más; a que traten de vivir en paz con todos; a que se ocupen de sus propios asuntos y trabajen con sus propias manos, como se lo hemos ordenado desde antes. Si viven de ese modo, se ganarán el respeto de los que no son creyentes y no tendrán que depender de nadie.

—1 Tesalonicenses 4.10b-12

Dichosos todos aquellos que no siguen el consejo de los malvados, ni se detienen en la senda de los pecadores, ni cultivan la amistad de los blasfemos, sino

que se deleitan en la ley del Señor, la meditan día y
noche. Son como árboles junto a las riberas de un río,
que no dejan de dar delicioso fruto cada estación. Sus
hojas nunca se marchitan y todo lo que hacen prospera.

—Salmo 1.1-3

Por otro lado, ustedes, amos, sean justos y
equitativos, recordando que también tienen un Amo en
el cielo.

—Colosenses 4.1

Pon en manos del Señor todo lo que haces, y tus
planes tendrán éxito.

—Proverbios 16.3

Con sabiduría se construye la casa y con inteligencia
sus cimientos; con conocimiento se llenan sus cuartos
de toda clase de riquezas y cosas valiosas.

—Proverbios 24.3 ,4

Si lo escuchan y obedecen, serán bendecidos con
dicha y prosperidad toda su vida.

—Job 36.11

No sean perezosos; sirvan al Señor con el entusiasmo
que da el Espíritu.

—Romanos 12.11

Qué puedes hacer para
AGRADAR A DIOS

Vendrán todos los que me invocan como su Dios, pues para gloria mía los hice, yo los creé.

Yo hice a Israel para mí, y algún día este pueblo mío me honrará ante el mundo.

—ISAÍAS 43.7, 21

Pero la hora se acerca, y ya está aquí, cuando los que verdaderamente adoran al Padre lo harán guiados por el Espíritu y en forma verdadera, porque el Padre así quiere que sean los que lo adoren. Dios es espíritu, y los que lo adoran deben hacerlo guiados por el Espíritu y en forma verdadera.

—JUAN 4.23, 24

Los trompetistas y los cantores comenzaron a alabar y a dar gracias al SEÑOR, acompañados de trompetas, címbalos y demás instrumentos musicales. Y cuando entonaron a una voz el coro: «Den gracias al SEÑOR, porque él es bueno, y su amor y su bondad son para siempre», una nube cubrió el templo del SEÑOR. Debido a esta nube, los sacerdotes no pudieron continuar la ceremonia.

—2 CRÓNICAS 5.13, 14

También ustedes son piedras vivas con las que se está edificando una casa espiritual. Así llegan a ser un sacerdocio santo, para que le ofrezcan a Dios sacrificios espirituales por medio de Jesucristo. Estos sacrificios a él le agradan.

Pero ustedes son una familia escogida, son sacerdotes reales y son una nación santa. Son un pueblo que Dios compró para que anuncien sus obras extraordinarias; él fue quien los llamó de las tinieblas a su luz maravillosa.

—1 Pedro 2.5, 9

Ya que es así, ofrezcamos continuamente a Dios un sacrificio de alabanza por medio de Jesucristo; es decir, confesemos su nombre con nuestros labios. No se olviden de hacer el bien y de compartir con otros lo que tienen, porque esos son los sacrificios que agradan a Dios.

—Hebreos 13.15, 16

Señor, eres digno de recibir la gloria, la honra y el poder, porque tú creaste el universo. Lo que existe, existe porque tú quisiste crearlo.

—Apocalipsis 4.11

Sin fe es imposible agradar a Dios. El que quiera acercarse a Dios debe creer que existe y que premia a los que sinceramente lo buscan.

—Hebreos 11.6

Así podrán agradar y honrar al Señor en todo; harán toda clase de buenas obras y conocerán cada día más y mejor a Dios.

—Colosenses 1.10

Por esto, hermanos, tomando en cuenta el amor que Dios nos tiene, les ruego que cada uno de ustedes se entregue como sacrificio vivo y santo; éste es el único sacrificio que a él le agrada.

No se amolden a la conducta de este mundo; al contrario, sean personas diferentes en cuanto a su conducta y forma de pensar. Así aprenderán lo que Dios quiere, lo que es bueno, agradable y perfecto.

—Romanos 12.1, 2

Lo que recomiendo es que, en primer lugar, hagan oraciones por todos; rueguen y supliquen que Dios tenga misericordia de ellos, y denle gracias.

Esto es bueno y agrada a Dios, nuestro Salvador.

Por lo tanto, quiero que en todas partes los hombres oren, alzando ante Dios manos santas, libres de ira y resentimiento.

—1 Timoteo 2.1, 3, 8

Alabaré al Señor, todo el mundo bendiga su santo nombre por siempre y para siempre.

—Salmo 145.21

Pero yo daré repetidas gracias al Señor, y lo alabaré ante todos.

—Salmo 109.30

¡Vengan todos, y den palmadas de júbilo! ¡Griten triunfantes alabanzas al Señor!

—Salmo 47.1

Pero su gozo está en quienes lo honran; en aquellos que confían en su gran amor.

—SALMO 147.11

¡Aleluya! ¡Alabado sea el SEÑOR! Canten al SEÑOR un cántico nuevo. Canten sus alabanzas en la comunidad de los fieles.

Que se alegre Israel por su Creador; que se regocijen los hijos de Sión por su rey. Alaben su nombre con danzas, con acompañamiento de tambores y lira.

Porque el SEÑOR se goza en su pueblo; él corona al humilde con la salvación. Que se alegren los fieles en su triunfo; que aun en sus camas canten de júbilo.

Que la alabanza a Dios salga de su boca.

—SALMO 149.1-6A

Por eso, los que viven de acuerdo con su naturaleza pecaminosa jamás podrán agradar a Dios.

Pero ustedes no son así. Ustedes viven según el Espíritu, si es que el Espíritu de Dios mora en ustedes.

—ROMANOS 8.8, 9A

Y cualquier cosa que le pidamos la recibiremos, porque obedecemos sus mandamientos y hacemos lo que le agrada.

—1 JUAN 3.22

EL plan de Dios
para salvación. . .

El plan de Dios

para salvación

Por el pecado de un hombre, el pecado entró en el mundo, y por el pecado llegó la muerte. Y como todos pecaron, la muerte ha pasado a todos.

—ROMANOS 5.12

Es así porque todos hemos pecado y no tenemos derecho a gozar de la gloria de Dios.

—ROMANOS 3.23

Porque si bien la paga del pecado es muerte, el regalo que nos da Dios es vida eterna a través de Jesucristo nuestro Señor.

—ROMANOS 6.23

Dios, no obstante, nos demostró su amor al enviar a Cristo a morir por nosotros, aun cuando éramos pecadores.

—ROMANOS 5.8

Permítanme recordarles, hermanos, el evangelio que les prediqué antes. Ustedes lo aceptaron entonces, y perseveran en él. Es por medio de este mensaje como ustedes alcanzan la salvación; es decir, si todavía lo creen firmemente. Si no, todo fue en vano.

Lo primero que hice fue transmitirles lo que me enseñaron: que Cristo murió por nuestros pecados, de

acuerdo con las Escrituras; que fue sepultado y que al
tercer día se levantó de la tumba, según las Escrituras.

—1 Corintios 15.1-4

Dios no envió a su Hijo para condenar al mundo,
sino para salvarlo por medio de él.

—Juan 3.17

El que cree en el Hijo tiene vida eterna; pero el que
no cree en el Hijo no sabrá lo que es esa vida, pues
siempre estará bajo el castigo de Dios.

—Juan 3.36

Dios amó tanto al mundo, que dio a su único Hijo,
para que todo el que cree en él no se pierda, sino tenga
vida eterna.

—Juan 3.16

Pero a todos los que lo recibieron, a los que creen en
él, les dio el derecho de ser hijos de Dios.

—Juan 1.12

Por su misericordia y por medio de la fe, ustedes
son salvos. No es por nada que ustedes hayan hecho.
La salvación es un regalo de Dios y no se obtiene
haciendo el bien. Esto es así para que nadie se sienta
orgulloso.

—Efesios 2.8, 9

Yo estoy siempre a la puerta y llamo; si alguno
escucha mi voz y abre la puerta, entraré y cenaré con él
y él conmigo.

—APOCALIPSIS 3.20

Más bien, nosotros predicamos el mensaje de fe que
la Escritura enseña:

«El mensaje está a tu alcance, en tu boca y en tu
corazón».

Si declaras con tu boca que Jesús es el Señor y crees
de corazón que Dios lo levantó de entre los muertos,
Dios te salvará. Porque a quien cree de corazón, Dios lo
da por justo; y a quien reconoce a Jesús, Dios lo salva.

—ROMANOS 10.8-10

Si alguno declara ante la gente que es mi seguidor, yo
declararé a su favor ante mi Padre que está en los cielos.

—MATEO 10.32

¿Y qué es lo que ha dicho? Que nos ha dado vida
eterna, y que esta vida está en su Hijo. Así que el que
tiene al Hijo de Dios tiene la vida; el que no tiene al
Hijo, no tiene la vida.

A ustedes, que creen en el Hijo de Dios, les he escrito
sobre estas cosas para que sepan que tienen la vida
eterna.

—1 JUAN 5.11-13